SOLA

'오직' 교리는 기독교적인 삶의 토대이자 안내자다.
이 교리를 따라 사는 사람들은
더욱 충만하고 풍성한 신앙생활을 경험할 수 있다.
교회도 종교개혁의 5대 '오직' 교리를 사역의 기반으로 삼는다면
놀라운 축복을 누리게 될 것이 틀림없다.

**종교개혁의
5가지 원리**

SOLA
by Jason K. Allen

This book was first published in the United States by Moody Publishers,
820 N. LaSalle Blvd., Chicago, IL, 60610
with the title *Sola*
Copyright ⓒ 2019 by Jason K. Allen
All rights reserved.

Korean Edition published by Word of Life Press, Seoul 2019
Translated by permission.
Printed in Korea.

종교개혁의 5가지 원리

ⓒ 생명의말씀사 2019

2019년 8월 30일 1판 1쇄 발행

펴낸이 | 김재권
펴낸곳 | 생명의말씀사

등록 | 1962. 1. 10. No.300-1962-1
주소 | 서울시 종로구 경희궁1길 5-9(03176)
전화 | 02)738-6555(본사) · 02)3159-7979(영업)
팩스 | 02)739-3824(본사) · 080-022-8585(영업)

기획편집 | 임선희
디자인 | 김혜진
인쇄 | 영진문원
제본 | 정문바인텍

ISBN 978-89-04-03170-2 (03230)

저작권자의 허락없이 이 책의 일부 또는 전체를
무단 복제, 전재, 발췌하면 저작권법에 의해 처벌을 받습니다.

SOLA
참된 믿음을 추구하는 프로테스탄트의 외침

종교개혁의 5가지 원리

추천사

나는 지난 2년간 매년 독일의 비텐베르크(Wittenberg)라는 역사적인 도시를 방문하는 특권을 누렸다. 그곳에서 개신교 종교개혁 500주년 기념식에 참석했던 일은 특히나 가슴 설레는 경험이었다. 그 작은 마을에서 마르틴 루터(Martin Luther)를 비롯한 개혁자들이 세상을 바꾸어 놓았다.

종교개혁의 표어는 "어둠 뒤에 빛이 온다."를 뜻하는 라틴어 "포스트 테네브라스 룩스"(post tenebras lux)다. 그 표어는 매우 적절했다. 종교개혁은 영적 암흑시대, 곧 부패한 종교와 미신과 우상 숭배의 어둠에 온통 휩싸여 있던 시대에 일어났다. 그러나 "**오직 그리스도 안에서**" "**오직 믿음으로 말미암아**" "**오직 은혜로 구원받는다**"는 복음이 전파되자 많은 사람이 어둠에서 빠져나와 하나님의 기이한 빛 가운데로 들어가는 역사가 일어났다(벧전 2:9). 하나님의 말씀이 어두운 곳을 비추었고, 그분의 진리와 은혜의 빛 가운데 살면서 "**오직 성경**"을 궁극적인 권위로 인정하고, "**오직 하나님께 영광**"을 인생의 목적으로 삼으라는 부르심이 신자들에게 주어졌다.

루터는 완벽한 신자도, 종교개혁을 이끈 유일한 개혁자도 아니었지만 나는 몇 가지 이유에서 항상 그를 깊이 흠모해 왔다. 루터의 비천한 출신 배경, 밝고 활기찬 성격, 절도 있는 공부 습관, 극적인 회심, 아내에 대한 진실한 사랑, 교회에 대한 헌신, 베풀기를 좋아하는 너그러운 성품, 음악에 대한 탁월한 조예, 자녀들에 대한 사랑, 뛰어난 글솜씨와 강력한 설교 사역은 나에게 늘 감동과 도전을 안겨 주었다.

루터는 인쇄기를 잘 활용했다. 그의 글은 펜의 위력이 실감 나게 한다. 그는 일반인이 사용하는 언어로 많은 책을 저술했다. 그의 책들은 독일 전역에 널리 퍼졌다. 또한 그는 앤드류 페트그리(Andrew Pettegree)의 『브랜드 루터』(Brand Luther)라는 책에 언급된 대로 루카스 크라나흐(Lucas Cranach)로부터 예술적인 도움을 받기도 했다. 크라나흐는 당시의 유명한 개혁자들의 초상화를 그렸을 뿐 아니라 루터의 복음적인 책들을 예술적으로 매력 있게 꾸몄다.

비텐베르크에서 루터의 설교 사역에 관해 살펴보려면 '성모 마리아 교회'(St. Mary's Church)를 빼놓을 수 없다. 성모 마리아 교회는 루터가 '95개조 논제'를 내걸었던 교회가 아니다. 이 교회는 비텐베르크에 있는 또 다른 교회로서 "종교개혁의 어머니 교회"로 일컬어진다. 루터는 성모 마리아 교회에서 1514년부터 말씀을 전했다. 그곳에서도 크라나흐가 그린 그림이 몇 점 발견된다. 예배당 정면 중앙에는 성찬과 신앙고백을 비롯해 여러 가지 사역을 묘사한 그림들로 이루어진 '개혁의 제단화'가 장식되어 있다. 내가 좋아하는 그림은 설교하는 루터의 모습을 그린 그림이다. 그 그림에서 루터는 한쪽 손가락으로 성경 본문을, 또 다른 손가락으로는 그리스도를 가리키고 있고, 사람들은 모두 설교자인 그가 아닌 구원자이신 주님을 바라보고 있다.

오늘날에도 사람들이 어둠에서 빛으로 인도되는 역사가 일어나려면 그때와 마찬가지로 그리스도와 그분의 말씀에 온전히 헌신하는 것이 필요하다. 성경을 토대로 예수님을 전하는 일에 신명을 바칠 사역자들이 많이 나타나야 한다. 래퍼 투팍(Tupac)의 "올 아이즈 온 미"(All Eyez on Me, 모든 관심을 나에게)라는 어두운 노랫말처럼 살아가기를 좋아하는 문화 속에서 모두가 빛에 관심을 돌려 "올 아이즈 온 지저스"(All Eyes on Jesus, 모든 관심을 예수님께)라고 말하도록 이끌어 줄 지도자들이 필요하다. 복음 전도, 제자 훈련, 설교, 선교, 교회 개척 등 모든 사역이 선지자요, 제사장이요, 왕이신 예수 그리스도를 중심으로 이루어져야 한다.

아무쪼록 이 책이 새로운 지식과 영감을 일깨워 하나님께서 종교개혁 당시에 평범한 사람들을 도구로 삼아 교회와 문화 안에서 그리스도 중심적인 영광스러운 변화를 일으키신 사실을 상기시켜 주기를 간절히 기도한다. 주권자이신 주님이 오늘날과 같이 어두운 시대에 그런 놀라운 일을 얼마든지 또 다시 이루실 수 있지 않겠는가? 감사하게도 우리에게는 훌륭한 안내자들, 곧 복음과 교회에 깊이 헌신하는 사람들이 있다. 그들이 종교개혁의 5가지 '오직'(SOLA) 교리를 통해 우리에게 교훈과 영감을 일깨워 줄 것이다.

  종교개혁을 이끈 역사적인 지도자들은 모두 세상을 떠났다. 지금은 더 이상 그들의 설교를 들을 수 없다. 그러나 오늘날의 사역자들도 얼마든지 어둠 속에 있는 세상을 향해 종교개혁의 5가지 '오직' 교리를 가르치고 전할 수 있다. 우리 모두 눈앞의 어둠에 겁을 먹고 물러서지 말고 **"하나님의 영광을 드높이기 위해" "오직 성경을 통해"** 전파된 진리, 곧 **"오직 그리스도 안에서" "오직 믿음으로 말미암아" "오직 은혜로 구원받는다"**는 복음을 굳게 붙들고 사역에 힘써 매진하자.

_ 토니 메리다(Tony Merida)
노스캐롤라이나주 '이마고 데이 교회' 목사,
『그리스도 중심적인 강해자』(The Christ-Centered Expositor)의 저자

CONTENTS

추천사 4
시작하는 글 10
_ 종교개혁의 5가지 '오직'(SOLA) 교리가 왜 중요한가?

1 오직 성경으로! 20

제이슨 앨런

"오직 성경"에 대한 정의 / 추상적인 교리의 차원을 넘어서는 원리 / "오직 성경으로!"의 성경적 근거 / 역사적으로서 바라본 "오직 성경으로!" / "오직 성경으로!"의 목회적인 적용

2 오직 은혜로! 44

제라드 윌슨

"오직 은혜"는 "오직 성경"의 주제다 / "오직 은혜"는 "오직 믿음"를 뒷받침하는 힘이다 / "오직 은혜"는 "오직 그리스도" 안에서 발견된다 / "오직 은혜"는 "오직 하나님의 영광"을 선포한다

3 오직 믿음으로!   76

제이슨 듀싱

"오직 믿음"의 성경적 근거 / 역사적, 신학적 배경 / 적용을 위한 다섯 가지 요약 / 놀라운 신비

4 오직 그리스도로!   106

매튜 바렛

로마 가톨릭교회의 바빌론 유수 / "동전이 헌금함에 소리를 내며 떨어지는 순간, 영혼이 연옥에서 벗어난다." / "오직 그리스도"의 재발견 / 하나님께서 인간이 되신 이유 / 위대한 교환 / 모든 희생 제사를 종결지은 희생 제사 / 살아서나 죽어서나 우리의 유일한 위로

5 오직 하나님께 영광을!   138

오웬 스트라챈

종교개혁을 통해 "하나님의 영광"이라는 교리가 회복된 경위 / 하나님을 영화롭게 하는 인간 / 하나님 대 인간 / 진정한 영적 삶 / 하나님을 영화롭게 하기 위해 기억해야 할 네 가지 명제

마치는 글 172

시작하는 글

종교개혁의 5가지 '오직'(SOLA) 교리가 왜 중요한가?

종교개혁은 교회 역사상 가장 중요한 사건 가운데 하나였다. 종교개혁을 생각하면 모든 삶, 특히 우리의 영적, 신학적 삶이 역사적 상황 속에 놓여 있다는 사실을 상기할 수 있다. 그리스도 안에 있는 사람들의 관점에서 보면, 그런 역사적 상황은 교회의 이야기, 곧 우리가 교회사로 알고 있는 것과 밀접하게 연관되어 있다.

복음주의자들에게 종교개혁의 교훈을 기억하고 적용하는 일은 더할 나위 없이 중요하다. 종교개혁자들은 우리의 신학적인 조상이다. 그들은 선한 싸움을 싸웠고, 달려갈 길을 마쳤으며, 믿음을 재발견해 널리 선포했다. 복음주의자인 우리는 종교개혁자들의 후예다. 오늘날 우리가 믿는 믿음이 종교개혁자들이 힘써 옹호했던 5가지 교리 안에 잘 요약되어 있다.

Sola Scriptura
Sola Gratia
Sola Fide
Solus Christus
Soli Deo Gloria

종교개혁의 5가지 교리

종교개혁의 5가지 '오직' 교리가 왜 중요하고, 또 그것은 어디에서 기원했을까?

종교개혁의 5가지 '오직' 교리는 개신교와 로마 가톨릭교회를 구별하는 신학적 특징이다. 이 교리들은 종교개혁의 원인이자 결과, 곧 그것을 촉진시킨 원동력이자 그로 인해 나타난 신념이었다. 이 5가지 '오직' 교리가 종교개혁 신학의 핵심으로 제시된 것은 20세기에 들어서였지만 이미 16세기부터 제각각 논쟁의 가치가 충분한 신학적 특징으로 하나씩 제기되었다.

"어떻게 몇 마디 안 되는 라틴어가 종교개혁과 같은 거대한 운동의 토대가 될 수 있는가?"라고 물을 사람이 있을지 모르지만,

교회의 역사를 돌아보면 짧은 문구와 몇 개의 작은 용어가 종종 교회를 건강하게 유지하는 데 꼭 필요했던 분열의 기폭제가 되었던 것을 알 수 있다.

몇 개의 작은 용어와 큰 분열

지난 천 년 동안 몇 개의 작은 용어, 또는 문구 때문에 교회 안에서 세 차례의 큰 분열이 일어났다.

먼저 11세기에 동서교회의 분리, 곧 동방 정교회와 로마 가톨릭교회가 나뉘는 큰 분열이 있었다. 교황권 다툼을 비롯해 여러 가지 요인이 분열에 영향을 미쳤지만 가장 중요한 요인은 '성령

Sola Scriptura
Sola Gratia
Sola Fide
Solus Christus
Soli Deo Gloria

께서 성부와 성자로부터 나오신다'는 의미를 지닌 '필리오크베'(filioque)라는 라틴어 단어였다.

또한 1517년에는 개신교가 로마 가톨릭교회를 떠나 하나의 교단을 형성하기 시작했다. 분열의 이유 가운데 하나는 '이것은 나의 몸이다'(hoc est corpus meum)라는 라틴어 네 마디였다(마 26:26; 막 14:22; 눅 22:19 참조). 예수님이 성찬을 제정하면서 하신 말씀에 대한 해석의 차이로 인해 루터와 츠빙글리(Zwingli)와 칼빈(Calvin)을 포함한 개혁자들이 다른 길을 걷게 되었다.

그러나 우리가 1517년을 기념하는 가장 큰 이유, 곧 개신교와 로마 가톨릭교회가 오늘날까지 서로 분리된 채 남아 있게 된 가장 큰 이유는 단 하나의 라틴어 단어 때문이다. 모든 것의 원동력이었던 그 단어는 '피데'(fide, 믿음)도 아니고, '그라티아'(gratia, 은혜)도 아니었다. 그 어떤 것보다 중요한 단어는 바로 '솔라'(SOLA, 오직)였다. 이 단어가 종교개혁자들을 움직였다.

'오직'이라는 단어를 개신교가 강조하는 다섯 가지 핵심, 즉 성경, 믿음, 은혜, 그리스도, 하나님의 영광에 붙여 말하는 순간, 신학과 교회와 우리의 신앙생활에 엄청난 영향을 미치는 교리들이 생성된다.

다섯 가지 '오직' 교리

이 책에서 논의될 내용의 기초를 다지기 위해 다섯 가지 '오직' 교리와 그 중요성을 간단하게 살펴보면 다음과 같다.

Sola Scriptura
Sola Gratia
Sola Fide
Solus Christus
Soli Deo Gloria

첫째는 **"오직 성경으로!"**(Sola Scriptura)이다. 이 교리는 성경이 우리의 삶과 교회를 위한 궁극적인 권위를 지닌다는 뜻이다. 성경은 하나님의 영감으로 기록된 진리이기 때문에 최종적이고 충족한 권위를 지닌다.

둘째는 **"오직 은혜로!"**(Sola Gratia)이다. 이 교리는 **"오직 은혜로"** 구원받는다는 뜻이다. 우리는 값없는 하나님의 은혜로 구원받는다. 하나님의 선하심이 우리에게 나타났고, 우리는 그리스도의 희생을 믿는 믿음으로 그것을 받아들인다. 구원은 우리의 선행과 하나님의 역사가 결합된 신인협력 사역이 아니라 우리의 마음속에서 이루어지는 하나님의 단독 사역이다. 구원은 언제나 **"오직 은혜"**로만 주어진다.

셋째는 **"오직 믿음으로!"**(Sola Fide)이다. 이 교리는 **"오직 믿음으**

로" 의롭다 하심을 받는다는 뜻이다. 우리는 믿음과 행위가 아닌 오직 그리스도를 믿는 믿음으로 말미암아 은혜로 구원받는다. 믿음에 행위를 더해 구원받는 것이 아니다. 우리는 믿음으로 의롭다 하심을 받는다. 구원은 항상 선행을 유발하지만, 선행은 구원을 얻는 공로가 될 수 없다.

넷째는 **"오직 그리스도로!"**(Solus Christus)이다. 구원은 **"오직 그리스도"**를 통해 주어진다. 이것은 그리스도의 희생적인 사역과 그분의 제사장적 중보 사역을 가리킨다. 오늘날 우리는 제사장에게 나아가지 않는다. 우리는 사역자들을 존중하고, 그들에게 감사할 뿐, 하나님과 올바른 관계를 맺기 위해 그들에게 의존하지는 않는다.

다섯째는 **"오직 하나님께 영광을!"**(Soli Deo Gloria)이다. 구원의

Sola Scriptura
Sola Gratia
Sola Fide
Solus Christus
Soli Deo Gloria

목적은 '하나님의 영광'이다. 우리의 구원은 하나님을 영화롭게 하기 위한 것이다. 우리는 구원의 수혜자이기 때문에 오직 하나님만 찬양을 받으셔야 한다. 구약의 선지자들이 말한 대로 우리는 "하나님의 이름을 위해" 구원받는다.

'오직' 교리가 중요한 이유

'오직' 교리는 신학적인 원리이지만 교회와 신자들 개개인에게 미치는 영향이 엄청나다. '오직' 교리는 신앙생활을 위한 교리적인 토대를 제공한다. 이 교리는 기독교적인 정체성과 사역의 특징을 결정할 뿐 아니라 영적이고 신학적인 틀을 구축해 나가는 데 필요한 동력을 지속적으로 제공한다.

'오직' 교리는 불필요한 신학적 논쟁을 야기하는 지엽적인 문제가 아니라 복음의 본질에 해당한다. 이 교리를 받아들이는 것은 곧 복음을 받아들이는 것이고, 이 교리를 말하는 것은 곧 복음을 말하는 것이며, 이 교리를 의식하며 사는 것은 곧 복음의 능력으로 사는 것이다.

이와 같이 '오직' 교리는 기독교적인 삶의 토대이자 안내자다. 이 교리를 따라 사는 사람들은 더욱 충만하고 풍성한 신앙생활을 경험할 수 있다. 교회도 종교개혁의 5가지 '오직' 교리를 사역의 기반으로 삼는다면 그런 놀라운 축복을 누리게 될 것이 틀림없다.

이것이 이 책의 목적이다. 나와 나의 친구들(제라드 윌슨, 제이슨 듀

Sola Scriptura
Sola Gratia
Sola Fide
Solus Christus
Soli Deo Gloria

싱, 매튜 바렛, 오웬 스트라챈)이 다섯 가지 '오직' 교리를 하나씩 맡아서 소개할 것이다. 이 교리들을 성경의 가르침과 그 역사적, 신학적 상황에 비춰 설명하고, 그것이 오늘날의 교회와 우리의 신앙생활에 어떤 의미를 지니는지 밝히는 것이 우리의 목표다.

각 장의 내용을 깊이 음미하라. 이 책을 읽는 동안 우리 주 예수 그리스도의 복음을 새롭게 깨닫고, 영적 생활이 큰 활력을 얻게 되기를 진정으로 기도해 마지않는다.

_ 제이슨 앨런(Jason K. Allen)

1

오직 성경으로!

Sola Scriptura
Sola Gratia
Sola Fide
Solus Christus
Soli Deo Gloria

제이슨 앨런

Jason K. Allen

Sola Scriptura

"**오직 성경으로!**" 오직 성경만이 믿음과 실천을 위한 유일한 권위라는 진리는 종교개혁 신학의 핵심 원리다. 이것은 신자의 삶과 교리와 사역을 안전하게 이끄는 방호책이다.

오직 성경만이 우리의 고백과 삶의 방식과 교회 안에서의 규칙과 사역을 결정한다. 충실한 복음주의자는 오직 성경만을 신앙과 삶의 유일한 권위로 인정한다.

사실 "**오직 성경으로!**"는 다섯 가지 '오직' 교리 가운데 가장 근본적이고 가장 중요한 교리에 해당한다.

"**오직 믿음으로!**"는 종교개혁의 '내용적 원리'로 알려져 있다. 이 교리는 "**오직 믿음으로**" 의롭다 하심을 받는다는 것이 종교개혁의 핵심 진리임을 나타낸다. 이것은 성경적인 가르침의 중심 내용이자 복음의 핵심이다.

그와 달리 "**오직 성경으로!**"는 종교개혁의 '형식적 원리'로 일컬어진다. 그 이유는 성경이 "**오직 믿음**"을 비롯한 모든 신학적 진리의 유일한 원천이기 때문이다. "**오직 성경으로!**"는 형식적 원리로서 복음에 대한 이해를 포함한 기독교 신앙 전체를 떠받치는 교리적 토대다.

"오직 성경"에 대한 정의

종교개혁자들은 성경이 교회의 전통과 교황과 공의회를 능가하는 권위를 지녔다고 믿었다.

교회를 가르치는 것은 전통도, 교황도, 공의회도 아니었다. 그 모든 것은 성경에 종속되며, 성경에 의해 지배된다. 전통이나 교황, 공의회 등이 하나님의 말씀을 규정하는 것이 아니라 하나님의 말씀이 그것들을 규정한다.

오늘날에도 복음주의자들은 성경이 교황과 공의회와 전통을 능가하는 권위를 지녔다고 고백한다. 그러나 여기에 성경이 경험이나 취향이나 실용성보다 더 우위에 있다는 고백을 덧붙여야 할 필요가 있다.

루터에게나 우리에게나 성경은 '규준적 규범'(norma normans), 곧 다른 모든 것을 측정하는 잣대다. 성경은 교회의 기준이자 척도요 측량줄이다.

"오직 성경으로!" 는 교회가 성경을 확립하는 것이 아니라 성경이 교회를 확립한다는 의미를 지닌다.

교회가 성경을 판단하는 것이 아니라 성경이 교회를 판단한다. 교회가 성경을 창조한 것이 아니라 성경이 교회를 창조했다. 루터는 "누가 자신의 부모를 낳을 수 있고, 누가 자신의 창

조주를 만들 수 있겠는가?"라고 물었다.[1]

추상적인 교리의 차원을 넘어서는 원리

"오직 성경으로!"는 추상적인 교리의 차원을 넘어선다. 사려 깊은 그리스도인들은 자신의 영적인 삶이 오직 성경을 통해서만 이루어진다는 사실을 깨닫는다.

나는 하나님의 말씀과 복음을 듣고 회심했다. 다른 신자들도 모두 마찬가지다. 야고보는 우리가 "진리의 말씀으로" 거듭났다고 말했다(약 1:18). 베드로도 그렇게 말했다.

> 너희가 거듭난 것은 썩어질 씨로 된 것이 아니요 썩지 아니할 씨로 된 것이니 살아 있고 항상 있는 하나님의 말씀으로 되었느니라. 그러므로 모든 육체는 풀과 같고 그 모든 영광은 풀의 꽃과 같으니 풀은 마르고 꽃은 떨어지되 오직 주의 말씀은 세세토록 있도다 하였으니 너희에게 전한 복음이 곧 이 말씀이니라(벧전 1:23-25).

---

1) Martin Luther, *Three Treatises* (Philadelphia: Fortress Press, 1998), 238.

하나님은 말씀을 통해 나를 사역자로 부르셨다. 그분은 로마서 10장과 목회 서신에 기록된 말씀으로 나의 마음을 사로잡으셨다. 성경을 공부하는 동안 내가 사역자로 부르심을 받았다는 확신이 더욱더 분명하고 강렬해졌다. 성경이 내게 말씀을 전하라고 요구하는 것처럼 느껴졌다.

사역자로 부르심을 받은 사람은 모두 그런 경험을 하기 마련이다. 사역자로 부르심을 받았다는 것은 곧 말씀을 전하라는 부르심을 받았다는 것을 의미한다.[2]

또한 **"오직 성경으로!"**는 나의 교파적 헌신과 신학적 확신의 근간이기도 했다. 나는 무엇을 믿어야 하고, 교회의 규칙을 어떻게 확립해야 하는지 결정하기 위해 항상 끊임없이 성경을 들여다본다. 나는 침례교 가정에서 성장했지만 성경을 철저하게 살펴 나의 침례교 신앙을 다시금 확증하고 견고하게 만들었다.

내가 그랬던 것처럼 다른 사람들도 그렇게 해야 마땅하다. **"오직 성경으로!"**는 삶의 모든 측면에 영향을 미친다. 성경은 우리가 하는 모든 일을 규정하는 권위를 지닌다. **"오직 성경으로!"**는 영적, 사역적, 신학적 측면에서 우리가 생각하는 것보다 우리에게 훨씬 더 많은 영향을 미치는 매우 실천적인 교리다.

---

2) 다음의 자료를 참조하라. Jason K. Allen, *Discerning Your Call to Ministry: How to Know for Sure and What to Do About It* (Chicago: Moody Press Publishers, 2016), 22.

이 교리의 방대한 특성을 일깨우는 것이 이번 장의 목표다. 나는 세 가지 방식으로 이 목표를 향해 나아갈 생각이다. 첫째는 이 교리를 성경적으로 확립하는 것이고, 둘째는 이 교리를 16세기의 역사적인 상황 속에서 고찰하는 것이며, 셋째는 이 교리를 목회적으로 적용하는 것이다.

"오직 성경으로!"의 성경적 근거

성경에서 **"오직 성경으로!"**의 교리가 가장 분명하게 언급되어 나타나는 곳은 디모데후서 3장 15-17절이다.

바울은 자신의 영적 아들인 디모데에게 보내는 마지막 서신에서 복음을 굳게 붙잡고 사역에 충실하라고 당부했다. 그리고 굳게 서서 말씀을 전하라고 명령했다.

디모데는 우유부단했고, 무기력했으며, 크게 낙심한 상태였다. 많은 사람이 믿음을 저버리고 그를 외면했다. 따라서 바울은 처음 세 장에서 교회 안에서 벌어지는 잘못과 죄의 결과를 언급한 뒤 디모데에게 굳세게 견디라고 권고했다.

바울은 디모데후서 3장 12절에서 디모데에게 "그리스도 예수 안에서 경건하게 살고자 하는 자는 박해를 받으리라"고 말했다.

그러고 나서 그는 믿음을 저버린 사람들과 달리 "너는 배우고 확신한 일에 거하라. 너는 네가 누구에게서 배운 것을 알며 또 어려서부터 성경을 알았나니 성경은 능히 너로 하여금 그리스도 예수 안에 있는 믿음으로 말미암아 구원에 이르는 지혜가 있게 하느니라"(딤후 3:14-15)라고 덧붙였다.

바울은 디모데가 어렸을 때 어머니와 할머니로부터 성경의 진리를 배운 사실을 상기시켜 주었다. 그는 디모데가 구약성경의 가르침을 통해 새로운 삶의 방식을 깨우쳤다고 말했다.

이런 바울의 말에는 구약성경이 복음을 확실하게 드러냈고, 장차 오실 메시아를 믿는 믿음을 분명하게 나타냈다는 의미가 담겨 있다.

바울은 계속해서 16-17절에서 성경에 관한 교리를 확실하게 뒷받침하는 중대한 내용의 말을 이어갔다. 이 구절은 이후의 일을 미리 암시하는 의미로, 곧 신약성경의 나머지 계시와 정경의 완성을 염두에 둔 의미로 해석해야 한다.

그는 "모든 성경은 하나님의 감동으로 된 것으로 교훈과 책망과 바르게 함과 의로 교육하기에 유익하니 이는 하나님의 사람으로 온전하게 하며 모든 선한 일을 행할 능력을 갖추게 하려 함이라."라고 말했다. "모든 성경은 하나님의 감동으로 된 것"이라는 16절의 첫 부분은 매우 의미심장하다.

"하나님의 감동으로 된"으로 번역된 헬라어 "데오프뉴스토스" (theopneustos)는 "하나님의 가장 깊숙한 곳에서 나온 숨(호흡)"이라는 의미를 지닌다.

또한 바울은 "모든 성경"이라고 말했다. 우리는 물론 그 어떤 비평가도 성경의 어떤 부분이 하나님에게서 비롯한 진리인지를 판별해 선택할 수 있는 권한이 없다.

아울러 성경의 어떤 부분이 적용하기에 가장 좋다거나 서둘러 복종해야 할 필요가 있다고 판단할 수 있는 권한도 우리에게 있지 않다.

바울의 말에는 '완전축자영감'의 교리가 암시되어 있다. 성경의 일부가 아닌 전체가 "하나님의 입으로부터 나온 숨"으로 기록되었다.

성경 저자의 생각이나 의도뿐 아니라 성경의 표현, 문체, 용어들 자체가 마지막 한 글자까지 모두 "하나님의 입으로부터 나온 숨"이다(이를 한글성경은 "하나님의 감동으로 된 것"이라고 표현하고 있다). 즉 모든 성경이 하나님의 영감으로 기록되었다.

그러나 바울의 말은 "모든 성경은 하나님의 감동으로 된 것이다."로 끝나지 않는다. 그는 "모든 성경은 하나님의 감동으로 된 것으로 교훈과 책망과 바르게 함과 의로 교육하기에 유익하니"라고 말했다.

성경은 우리에게 많은 것, 특히 무엇을 믿어야 할 것인지를 가르친다. 성경은 우리를 교훈하고 책망해 우리의 그릇된 신념을 바로잡아 준다. 성경은 그런 교정을 통해 우리를 의로 교육한다. 한마디로 성경은 우리가 살아가는 방식에 직접적인 영향을 미친다.

아울러 디모데후서 3장 17절은 "이는 하나님의 사람으로 온전하게 하며 모든 선한 일을 행할 능력을 갖추게 하려 함이라."라고 말씀한다.

바울의 말에는 "디모데야, 사역을 할 때나 말씀을 전할 때나 일상생활을 영위할 때나 하나님의 말씀이 곧 너의 무기라는 것을 항상 기억해야 한다. 그 무기를 충실하게 사용하면 모든 선한 일을 행할 능력을 갖출 수 있을 것이다."라는 의미가 담겨 있다. 사역자의 자질을 갖추거나 온전해지기 위해 신비로운 경험이나 신통한 은사 같은 것을 얻으려고 애쓸 필요가 없다. 17절은 하나님의 성령과 말씀만 있으면 사역을 할 준비가 된 상태라고 가르친다.

이 말씀의 논리는 분명하다. 말씀이 하나님에게서 비롯했다면 그것은 사실일 수밖에 없고, 그것이 하나님에게서 비롯했고, 또한 사실이라면 권위가 있을 수밖에 없다. 따라서 우리는 말씀에 온전히 복종해야 한다.

이처럼 **"오직 성경으로!"** 는 하나님의 말씀인 성경의 탁월한 지위를 인정한다. 성경은 신자의 최종적이고 궁극적인 권위다.

역사적으로서 바라본 "오직 성경으로!"

지금까지 **"오직 성경으로!"** 교리의 성경적 근거를 살펴보았다. 이번에는 이 교리를 역사적인 상황 속에서 잠시 살펴보자.

이 교리는 마르틴 루터라는 한 사람에 의해 새롭게 드러났다. 16세기, 그중에서도 1517년과 1519년과 1521년으로 거슬러 올라가 보자. 그 당시에 루터의 생각과 마음속에서 일어났던 일과 그가 도달하게 된 확신이 **"오직 성경으로!"** 의 의미를 확실하게 보여 준다.

먼저 다섯 가지 '오직' 교리가 16세기에는 지금처럼 하나로 합쳐져 제시된 상태는 아니었다는 사실을 기억해야 한다. 물론 당시에도 '오직' 교리가 모두 존재했지만 그것이 하나로 합쳐져 제시된 것은 종교개혁의 유산이 좀 더 구체화되었던 20세기 초에 들어서였다.

루터는 **"오직 성경으로!"** 의 교리를 공중예배 석상에서 단번에 크게 외치지 않았다. 그가 그런 확신에 도달하기까지는 수년의 시간이 소요되었다.

그는 많은 갈등을 겪으면서 자기 자신과 대화를 나누었다. 따라서 이 교리를 역사적인 상황 속에서 이해하려면 루터를 비롯해 교회사의 중대 사건으로 남은 세 가지 사건을 살펴보는 것이 최선일 것이다. 세 가지 사건 중 두 가지는 많은 사람에게 익숙하겠지만 나머지 한 가지는 그렇지 않을 것이다.

첫 번째 사건은 종교개혁일인 1517년 10월 31일에 일어났다. 젊은 아우구스티누스파 수도사였던 루터는 비텐베르크 성 교회의 문에 '95개조 논제'를 내걸었다. 그는 많은 문제를 언급했지만 그 가운데 가장 중요한 문제는 면죄부 판매였다.

아마도 면죄부 판매는 교회 역사상 가장 심각하게 권위를 남용한 사례에 해당할 것이다. 루터가 95개조 논제를 제시한 이유는 솔직한 논의를 촉발하기 위해서였다.

그는 처음에는 로마 가톨릭교회를 이탈할 생각이 전혀 없었다. 오히려 그는 교회를 더욱 굳건하게 다지려는 의도를 품었다. 그가 원했던 것은 진지한 논의였다.

그러나 결국 유럽은 물론 그 너머까지 휩쓸게 될 개혁의 불길을 일으키는 결과로 나타났다.

두 번째 사건은 1521년 봄에 일어났다. 이 사건은 '95개조 논제'를 내건 사건에 비하면 좀 덜 알려진 편이지만 그래도 비교적

잘 알려져 있다. 루터가 95개조 논제를 내건 지 불과 4년 만에 신성로마제국의 황제 카를 5세(Charles V)가 보름스국회(The Diet of Worms)를 소집했다.

황제는 루터를 불러 그가 쓴 글과 말에 대해 소명하라고 요구했다. 루터는 안전한 여행을 보장받았고, 도착 즉시 처형되지 않을 것을 약속받았다. 루터는 4월 16일 오후 4시에 그곳에 도착했고, 다음 날 같은 시각에 국회에 출석해서 답변하라는 지시를 받았다.

그는 국회에 나가 공회당 중앙에 마련된 자리에 앉았다. 그의 앞에는 그가 저술한 책들이 놓여 있었고, 그의 주위에는 교회와 제국의 고위직 인사들이 모여 있었다. 당시 루터가 선택할 수 있는 길은 두 가지, 곧 자신의 글을 철회하거나 재확인하는 것이었다.

루터의 답변을 읽어 보면 당시의 극적인 분위기와 진중함이 생생하게 느껴진다.

사회자인 요한 에크(Johann Eck)는 루터에게 앞에 모아 놓은 책들이 그의 것인지 묻고 나서 이단 사상을 철회할 의사가 있느냐고 다그쳤다. 루터는 기도하며 생각할 수 있도록 하루의 말미를 달라고 요구했다.

4월 18일 오후 4시에 국회가 다시 소집되었다. 그 자리에서 루터는 역사에 길이 남을 말을 외쳤다.

> 나는 교황이나 공의회만을 신뢰할 수 없습니다. (왜냐하면 그들이 종종 잘못을 저질러 왔고, 스스로 모순을 일으켜 온 사실이 분명하게 드러났기 때문입니다.) 따라서 성경의 증언이나 확실한 이성이 나를 설득하지 않는 한, 나는 내가 인용한 성경말씀에 충실할 수밖에 없고, 나의 양심은 하나님의 말씀을 따를 수밖에 없습니다. 양심을 거스르는 것은 안전하지도 않고, 옳지도 않기 때문에 나는 아무것도 철회할 수 없고, 철회하지도 않을 것입니다. 달리 어찌할 길이 없습니다. 내가 여기 섰나이다. 하나님, 나를 도우소서. 아멘.[3]

한마디로 루터는 **"오직 성경으로!"**의 교리를 매우 분명하게 언급했다.

마지막으로 **"오직 성경으로!"** 교리와 관련된 세 번째 사건은 앞의 두 사건의 중간에 끼어 있다. 종종 쉽게 간과되곤 하는 이 사건은 바로 1519년의 라이프치히 논쟁(the Leipzig Debate)이다.

앞의 두 사건에서 루터는 성경의 온전한 권위를 강조했다. 그

---

3) Steven J. Lawson, "Fortress for Truth: Martin Luther," 다음 사이트를 참조하라. https://www.ligonier.org/blog/fortress-truth-martin-luther/.

러나 이 개념이 명료하게 드러난 것은 라이프치히 논쟁을 통해서였다.

그곳에서 루터는 나중에 보름스국회에서 사회를 맡았던 독일의 스콜라주의 신학자 요한 에크와 신학적 논쟁을 벌였다. 그는 그 논쟁에서 **"오직 성경"**의 교리를 거의 우연히 발견했던 것처럼 보인다.

에크는 막강한 인물이었지만 루터는 다른 비평가들을 대할 때처럼 그에게 단호히 맞섰다. 그는 에크를 "명예에 굶주린 하찮은 짐승"으로 일컬었다.[4]

그 논쟁에서 루터는 성경 해석에, 에크는 역사에 더 정통한 면모를 드러냈다. 에크는 루터를 개혁의 선조인 얀 후스(Jan Hus)와 결부시키는 전략을 구사했다. 교회는 후스와 그의 가르침을 공식적으로 단죄했기 때문에 에크는 루터를 후스와 결부시키면 그를 단죄할 수 있을 것이라고 생각했다.

에크는 1세기 이전에 콘스탄츠 공의회(the Council of Constance)에서 단죄되어 화형을 당한 후스를 지지한다는 사실을 분명하게 밝히라고 루터를 압박했다. 루터도 그와 똑같은 운명을 당하게 될 위기에 처했다.

---

4) Derek Wilson, *Out of the Storm: The Life and Legacy of Martin Luther* (New York: St. Martin's Press, 2007), 123.

그러나 라이프치히 논쟁에서 재미있는 일이 벌어졌다. 치열한 공방이 오가는 도중에 점심을 먹기 위해 잠시 휴식이 취해졌다. 루터는 그 틈을 이용해 콘스탄츠 공의회의 결정문을 다시 읽고, 당시에 어떤 일이 일어났고, 또 후스가 어떤 주장을 했는지를 기억해 냈다.

후스는 순교하기 전에 예언의 말을 남겼다. 그는 "너희가 오늘은 거위를 불태워 죽이지만 앞으로 백 년이 지난 뒤에는 너희가 삶거나 구워서 죽일 수 없는 백조가 나타날 것이다."라고 말했다.[5] 루터는 후스의 말을 자기에 대한 예언으로 받아들였다. 이것이 오늘날 루터교회의 강단이 종종 백조의 형태를 띠고 있는 이유다.

에크는 주로 라이프치히 논쟁에서 루터와 후스를 결부시켜 그를 궁지로 몰고 가는 전략을 구사했다. 루터는 그에 맞서 "너희가 섬기는 교황들은 실패했고, 너희의 공의회도 모두 실패했다. 그들은 서로 모순을 일으켰다. 합법적인 권위를 지닌 교황이 없고, 권위 있는 공의회가 존재하지 않는다면 너희는 도대체 무엇을 의지할 셈인가?"라는 논리로 에크와 그 자리에 있는 다른 모

---

5) Aaron Denlinger, "The Goose." 다음 사이트를 참조하라. https://www.ligonier.org/learn/articles/goose/. '후스'라는 성은 후스의 탄생지인 후시넥(Husinec, '거위'라는 뜻의 체코어)에서 유래했다.

든 사람을 궁지로 몰고 갔다. 이처럼 루터는 **"오직 성경으로!"**의 원리를 굳게 붙잡았다.

"오직 성경으로!"의 목회적인 적용

지금까지 **"오직 성경으로!"**의 성경적 근거와 그 역사적 상황을 살펴보았다. 이번에는 이 교리를 목회적으로 적용해 보자.

"오직 성경으로!" 교리는 우리의 삶을 하나님의 말씀에 온전히 복종시킬 것을 요구한다. 그렇게 하면 만족스럽고 충실한 신앙생활을 할 수 있고, 무엇보다 하나님을 영화롭게 할 수 있다. 이 교리를 우리와 우리의 사역과 교회를 위해 열 가지로 나눠 적용하면 다음과 같다.

첫째, "오직 성경으로!"의 교리를 주장할 가치가 있다고 확신하면 말씀을 전하는 강단 사역의 필요성을 인정할 수밖에 없다.

우리가 말씀을 전하는 방법과 시기와 이유가 성경에 대한 우리의 신념을 고스란히 드러낸다.

성경을 믿는다고 고백하면서 그 말씀을 전하지 않는다면 그것은 공허한 입놀림에 불과할 뿐이다. 성경이 하나님의 참된 말씀이고, 권위 있는 말씀이며, 충족한 말씀이라고 믿는다면 그것을 우리 자신과 다른 사람들의 삶에 적용하려는 노력을 기울여야 마땅하다. 다시 말해 말씀이 우리의 모든 사역, 특히 강단 사역에 실질적으로 영향을 미쳐야 한다.

둘째, 이 교리는 우리의 영혼을 돌보는 방법과 목회자들이 하나님의 양떼를 목양하는 방식을 결정한다.

결국 가장 중요한 것은 하나님의 말씀을 은혜롭게 전하는 것, 곧 기도하는 마음으로 말씀을 다른 사람들의 삶에 적용하는 것이다. 이런 일은 저절로 일어나지 않기 때문에 의도적인 노력을 기울여야 할 필요가 있다.

또한 단지 강단에서만이 아니라 마주 앉아 차를 마시거나, 소그룹으로 모이거나, 서재에서 신자들을 상담할 때에도 그런 적용이 이루어져야 한다. 사역의 모든 측면에서 하나님의 말씀을 전하려고 힘써야 한다.

목회자가 기적을 행하거나 도움이 되는 말을 해 주거나 사람들의 삶을 향상시켜 주기를 기대할 때가 많다. 그러나 목회자는 그런 일을 할 수 없다. 오직 하나님의 말씀만 그런 일을 할 수 있다. 따라서 단지 말씀을 전하기만 하면 말씀이 신자들의 삶 속에서 역사하기 시작한다.

셋째, 이 교리는 교회의 연합을 추구하도록 이끈다.

루터는 옳은 일을 많이 했지만 한 가지 면에서는 순진하게도 실수를 저질렀다. 그는 교황과 공의회의 속박을 깨뜨리고 성경의 권위를 회복하기만 하면 저절로 새로운 선교의 열정과 교회의 연합이 촉진될 것으로 생각했다.

종교개혁은 신앙의 열정을 크게 불러일으켰지만 교회의 연합은 이루지 못했다. 솔직히 말해서 오늘날에는 주 예수 그리스도의 몸이 너무 많이 분열된 상태다. 물론 이 교리를 적당히 완화시킬 생각은 조금도 없다. 다만 **"오직 성경으로!"**를 외치고 주장할 때 그리스도의 몸의 연합을 촉진하는 방식을 취하는 것이 바람직하다는 말을 하고 싶을 따름이다. 그런 노력을 기울일 때는 강한 복음주의 신앙을 지닌 형제와 자매들 가운데서 생각이 같은 사람들과의 협력을 유지해 나가야 한다. 교회의 연합을 추구하는 것은 꼭 필요한 일이다.

넷째, 이 교리는 충실하고 매우 잘 훈련된, 성경적인 해석을 요구한다.

해석이 중요하다. 성경에 충실하기를 원하고, 그것이 사실이라고 믿는다면, 그 다음에는 성경을 어떻게 해석하느냐에 따라 큰 차이가 벌어진다.

하나님의 말씀을 최선을 다해 부지런히 연구하라. 성경을 올바로 해석하는 데 필요한 수단들을 적절하게 사용하는 법을 배우라. 성경은 우리가 원하는 대로 아무렇게나 읽어도 되는 책이 아니다. 성경은 하나님의 말씀이다. 성경은 우리에게 충실하고 겸손한 해석을 요구한다.

다섯째, "오직 성경으로!" 교리에 충실하면 신조에도 충실할 수 있다.

왜 그럴까? 그 이유는 '성경만 믿으면 돼. 성경 외에 신조는 필요하지 않아.'라는 생각이 틀렸기 때문이다. 아마도 그렇게까지 생각하려는 사람은 없을 것이다.

신앙고백은 신자의 필수 요건이다. **"오직 성경으로!"** 를 믿는다는 이유를 내세워 "우리는 성경 외에 다른 신조를 고백하지 않는다"는 식의 터무니없는 주장을 제기해서는 곤란하다. 그런 고백은 사실상 아무것도 고백하지 않는 것이다.

"오직 성경으로!" 는 오직 성경만이 우리의 신앙과 삶의 유일한 권위라고 가르치지만, 성경의 가르침을 더 잘 이해하려면 신앙고백과 신앙진술문의 도움이 필요하다.

여섯째, 우리는 최선을 다해 교인들의 회심을 독려해야 한다.

복음을 믿는 우리는 교황을 섬기지도 않고, 원하지도 않는다. 우리에게는 오직 하나님의 말씀과 교회뿐이다. 교회는 신자들이 함께 모여 목회자의 지도를 받으며 겸손히 하나님의 뜻을 구하는 터전이다.

성경에 복종하는 하나님의 백성과 진리인 성경이 있다면 교황은 필요하지 않다. 따라서 교인들의 회심을 독려하기 위해 힘쓰기만 하면 그들은 교회에 함께 모여 말씀의 깃발 아래 하나로 연합할 것이다.

일곱째, "오직 성경으로!" 교리를 믿는다는 것은 곧 그리스도 중심의 신학을 세우는 것을 의미한다.

우리는 성경을 읽을 때 그 안에서 그리스도를 발견한다. **"오직 성경"**의 교리를 굳게 붙잡으면 그리스도를 전하는 일에 전력을 기울여야 할 필요성을 깊이 의식하지 않을 수 없다.

우리가 부르심을 받은 이유는 그리스도를 전하기 위해서다. 우리는 주 예수 그리스도를 전파해야 한다. 그래야만 죄인들이 듣고 믿을 수 있고, 회개의 역사가 일어날 수 있으며, 사람들이 구원받을 수 있고, 그리스도의 지상명령이 이루어질 수 있다. 이것이 우리의 사명이다.

여덟째, "오직 성경으로!" 교리는 진중한 태도와 올바른 관점으로 사역에 임하도록 이끈다.

루터가 당시의 세계를 지배하던 사람들 앞에서 어렵게 용기를 내서 "내가 여기 섰나이다."라고 말했던 것을 생각해 보라.

그가 1517년에 비텐베르크 성 교회의 문 앞으로 걸어가서 어떤 일이 벌어질지 충분히 예상하면서도 95개조 논제를 그곳에 내건 사실을 생각해 보라.

또한 그가 라이프치히에서 점심시간에 콘스탄츠 공의회의 결정문을 다시 읽고 나서 '그래, 내가 믿는 것은 이것이야.'라고 생각했던 것을 머릿속에 그려 보라. 그는 결과를 뻔히 알면서도 다시 돌아와 "나는 후스파요."라고 말했다.

이런 역사적인 상황을 생각하면 오늘날 우리가 관심을 기울이는 일들이 전 세계의 기독교와 교회 역사에 비춰 볼 때 얼마나 하찮은 것인지를 분명하게 알 수 있다.

따라서 우리는 감사하는 마음으로 사역에 임해야 한다. 과거의 신자들 중에는 믿음을 위해 가장 큰 희생, 곧 죽음을 감수했던 사람들이 많았다.

아홉째, "오직 성경으로!" 교리는 예배에 영향을 미친다.

나를 비롯해 많은 개신교 신자들이 **"오직 성경으로!"** 를 주일에 드리는 공중예배를 규정하는 원리로 받아들인다. 이 규정적인 원리는 신약성경이 가르치는 요소들을 예배에 포함시킬 것을 요구한다. 구체적으로 말하면 성경 낭독, 말씀 선포, 시편과 찬송과 신령한 노래, 세례와 성찬이다.

우리는 성경을 읽고 전해야 하며, 성경의 가르침에 따라 기도하고, 성경을 노래해야 한다. 이렇듯 **"오직 성경으로!"** 교리는 모든 것, 특히 주일예배를 구성하는 방식과 예배에 대한 우리의 생각에 영향을 미친다.

열째, "오직 성경으로!"는 개신교, 곧 프로테스탄트주의의 '저항 정신'을 되살린다.

우리 시대의 가장 큰 도전은 무엇인가? 하나님께서 우리의 사역을 통해 이루고자 하시는 일이 무엇인가?

지금 당장은 그 대답을 알지 못하더라도 몇 년이 흐르고 난 뒤에 교회에서 예배로 모였을 때 우연히 알게 될 수 있다. 교회에 기여한 것이 많은 신자가 자기 딸과 결혼해 달라고 요구할 때 그녀가 바른 삶을 살지 못한다는 이유로 청혼을 거부하면 개인적으로 시련을 겪을 수 있다. 또 하나님의 말씀 위에 굳게 서서 성과 성애에 관한 문제에 대해 바른말을 하면 어려움을 당할 수도 있다.

사회는 우리에게 침묵을 강요한다. 앞서 살아간 모든 시대의 신자들처럼 우리도 믿음의 바통, 곧 우리가 받은 진리를 굳게 붙잡고, 그것을 다음 세대에 충실하게 넘겨주어야 한다.

"오직 성경으로!" 는 추상적인 교리의 차원을 넘어선다. 이것은 기독교적인 삶과 교회의 사역을 위해 꼭 필요한 진리다. **"오직 성경으로!"** 는 종교개혁의 형식적인 진리이자 우리의 삶을 위한 형식적인 원리다. 루터가 발견한 대로 모든 것이 이 교리에 의존한다. 우리 모두가 그렇게 확신하고 있는지 궁금하다.

2
오직 은혜로!

Sola Scriptura
Sola Gratia
Sola Fide
Solus Christus
Soli Deo Gloria

제라드 윌슨

Jared C. Wilson

Sola Gratia

세상은 자기가 가장 좋아하고 존중하는 것들이 단죄되도록 허용하지 않는다. 따라서 세상은 복음을 오류가 가득하고 선동적인 교리라고 비난한다. 세상은 복음이 국가와 나라와 주권과 왕국과 제국을 뒤엎어 하나님과 황제를 거스르고, 법을 폐하며, 선한 예절을 훼손하고, 모두가 제각기 자기가 원하는 대로 하도록 부추기기 때문에 올바른 열정과 하나님을 섬기는 고귀한 정신으로 이 교리를 박해하고, 그것을 고백하거나 가르치는 사람들을 세상에 출몰할 수 있는 가장 심각한 전염병으로 간주해 혐오해야 마땅하다고 주장한다.[1]

개혁자 마르틴 루터는 갈라디아서 1장 1절에 대한 주석을 이 말로 시작했다. 루터의 갈라디아서 주석은 그가 저술한 방대한 신학 서적과 성경 주석의 백미 중 하나로 손꼽힌다. 이 주석은 외견상의 단순성 아래 그 능력이 숨겨져 있다는 점에서 복음을 꼭 빼닮았다.

---

1) Martin Luther, *A Commentary on Saint Paul's Epistle to the Galatians* (London: James Duncan, 1830), 1-2.

종교개혁의 본질은 무엇일까?

루터와 개혁자들이 원했던 것은 '**회복 운동**'이었다. 그들은 교회의 깊고 음습한 곳에서 '그리스도 안에서 값없이 주어지는 은혜'라는 순수하고, 강력하고, 위험한 메시지를 꺼내어 보이려고 시도했다.

루터는 앞에 인용한 글에서 이 메시지가 자기 의와 종교적인 교만에 얼마나 치명적인 것인지, 또 그것이 왜 그토록 오랫동안 억눌려 감추어져 왔는지를 여실히 보여 주었다.

스스로를 의롭게 여기는 사람들은 복음을 견딜 수 없다. 복음은 겉으로 도덕적인 것처럼 말끔하게 보이는 그들의 세상을 온통 휘젓는 악한과도 같다.

루터가 말한 대로 참된 복음을 전하는 사람들은 "저 복음쟁이를 너무 가까이하지 마. 병 옮아."라는 식으로 전염병에 걸린 사람처럼 취급된다.

오늘날의 개신교 신자들이 소중히 여기는 종교개혁 신학의 특징 가운데 하나는 "**오직 믿음으로!**"라는 교리, 곧 오직 믿음으로 의롭다 하심을 받는다는 교리다. 그러나 "**오직 믿음으로!**"라는 교리의 중심에는 "**오직 은혜로!**"라는 교리가 놓여 있다. 이것은 칭의는 물론 우리의 구원 전체가 오직 그리스도 안에서 주어진 하나님의 은혜에 전적으로 의존한다는 개념이다.

그러나 **"오직 은혜"**는 단순한 개념 차원에 머물지 않는다. 만일 종교개혁 신학이 단순한 개념에 불과하다면 아무도 구원할 수 없다.

나는 "오직 그리스도의 은혜"가 기독교의 핵심이라고 믿는다. 이것이 바울이 갈라디아서에서 말하고자 했던 요점이다. 갈라디아서 3장 19-26절에는 **"오직 은혜"**라는 종교개혁 신학이 잘 반영되어 있다.

그런즉 율법은 무엇이냐. 범법하므로 더하여진 것이라. 천사들을 통하여 한 중보자의 손으로 베푸신 것인데 약속하신 자손이 오시기까지 있을 것이라. 그 중보자는 한편만 위한 자가 아니나 하나님은 한 분이시니라. 그러면 율법이 하나님의 약속들과 반대되는 것이냐? 결코 그럴 수 없느니라. 만일 능히 살게 하는 율법을 주셨더라면 의가 반드시 율법으로 말미암았으리라. 그러나 성경이 모든 것을 죄 아래에 가두었으니 이는 예수 그리스도를 믿음으로 말미암는 약속을 믿는 자들에게 주려 함이라. 믿음이 오기 전에 우리는 율법 아래에 매인 바 되고 계시될 믿음의 때까지 갇혔느니라. 이같이 율법이 우리를 그리스도께로 인도하는 초등교사가 되어 우리로 하여금 믿음으로 말미암아 의롭다 함을 얻게 하려 함이라. 믿음이 온 후로는 우리가 초등교사 아래에 있지 아니하도다. 너희가 다 믿음으로 말미암아 그리스도 예수 안에서 하나님의 아들이 되었으니(갈 3:19-26).

성경적인 기독교의 운명은 복음을 제시할 때 어디에 조건을 부여하느냐에 따라 크게 달라진다.

우리도 루터 당시의 부패한 교회처럼 은혜에 조건을 부여하려는 충동을 느낀다. 우리의 내면에서 무엇인가가 울컥하고 솟구쳐 오른다. 우리의 육신은 '값없는 은혜'라는 개념에 발끈하면서 누구든지 '이 개념을 너무 지나치게 인정하면' 모든 것이 잘못될 수 있다고 생각하기 시작한다. 따라서 우리는 그런 사람과 마주치면 온갖 종교적인 단서와 율법적인 주장을 내세워 그의 마음을 공략하려고 애쓴다.

우리는 복음이 효력이 없고, 은혜가 효과를 발휘할 수 없을 것이라며 걱정한다. 우리는 은혜를 선행으로 보강하기를 원한다. 이것이 갈라디아교회 안에서 일어난 상황이었고, 바울이 열정을 다해 복음의 중심적인 역할을 그토록 길게 강조했던 이유다.

유대주의자들은 복음에 조건을 달았다. 그들은 "그래요, 구원은 은혜로 받아요. 하지만 진정으로 구원받으려면 할례를 받고, 의식법을 지켜야 해요."라고 말했다.

사람들은 불안해하며 끊임없이 예수님 외에 다른 무엇을 더 하려고 애쓴다. 은혜는 기독교의 핵심이다. 구원의 토대는 오직 은혜뿐이다.

케빈 반후저(Kevin Vanhoozer)는 "'**오직 은혜로!**'는 복음의 좋은 소식이 기독교의 핵심이라는 사실을 지속적으로 상기시킨다"고 말했다.[2] 루터는 "**오직 믿음으로!**"가 교회의 흥망을 좌우하는 교리라고 말했다.

복음을 그릇 이해하면 자칫 뻔뻔하고 주제넘게 행동할 가능성이 있다. 그러나 나는 설혹 그런 위험이 뒤따르더라도 "**오직 은혜로!**"가 "**오직 믿음으로!**"의 흥망을 좌우하는 교리라고 덧붙여야 할 필요가 있다고 생각한다. "**오직 은혜로!**"는 종교개혁의 나머지 네 가지 원리를 관통하는 핵심이자 그 모든 것을 해석하는 해독기다.

이런 역동적인 관계가 갈라디아서 3장에 잘 드러나 있다.

예를 들어 바울의 성경관은 본질적으로나 명시적으로나 은혜에 의존한다. 우리가 성경을 소유하게 된 것도 은혜 덕분이다. 성경은 중보자이신 그리스도의 은혜를 우리에게 전달한다. 이것이 바울이 자신의 서신들을 "은혜가 너희에게 있을지어다."라

---

2) Kevin J. Vanhoozer, *Biblical Authority after Babel: Retrieving the Solas in the Spirit of Mere Protestant Christianity* (Grand Rapids: Brazos, 2016), 64.

거나 "은혜가 너희와 함께 있을지어다."라는 말로 시작했던 이유다.

그는 하나님의 감동으로 된 말씀이 곧 은혜요, 은혜를 전하는 것이며, 성령의 영감으로 기록된 말씀을 받아들이는 것이 곧 은혜를 받아들이는 것이라고 믿었다. 이처럼 특별계시의 교리와 은혜의 교리를 하나로 결부시키면 다음과 같이 말할 수 있다.

"오직 은혜"는 "오직 성경"의 주제다

"오직 성경으로!"가 '오직'일 수 있는 이유는 **"오직 은혜"** 때문이다. 이 점은 이해하기가 쉽지 않다. 이를 잘못 이해하는 사람이 많은 이유는 성경의 많은 내용이 율법, 특히 구약성경에 기록된 명령을 다루고 있기 때문이다. 복음주의 진영 안에서 아직도 족장들이 믿음이 아닌 행위로 구원받았다는 잘못된 개념이 사라지지 않고 있는 것도 이 때문이다. 나도 성인이 되기 전까지는 **"오직 은혜"**가 복음에 대한 성경의 가르침을 관통하는 주제라는 사실을 깨닫지 못했다.

우리는 구원이 우리의 복종을 통해 주어지는 것처럼 생각하는 경향이 있다. 바울은 갈라디아서 3장 22절에서 "그러나 성경이 모든 것을 죄 아래에 가두었으니 이는 예수 그리스도를 믿음으로 말미암는 약속을 믿는 자들에게 주려 함이라."라는 말로 그 점을 묘사했다.

성경은 우리의 상태를 진단하는 방법과 그 해결책을 동시에 제시한다. 그러나 진단을 잘못 이해하면 해결책도 잘못 이해할 수밖에 없다. 이것이 율법주의가 그토록 어리석은 이유다. 율법주의는 문제(부적절한 의)에 대한 해결책을 오히려 우리의 문제로 받아들인다.

율법주의적인 신자들은 율법을 중시한다고 주장하지만 실제로는 하나님의 율법을 욕되게 한다. 왜냐하면 율법을 자기 스스로 통제할 수 있는 것처럼 생각하기 때문이다.

성경의 관점에서 복음을 이해하려면 율법이 '구원의 등식'에서 어떤 기능을 하는지 이해해야 한다.

복종은 칭의의 결과, 곧 그리스도 안에서 죄인을 의롭게 하시는 하나님의 사역에 대한 반응이다. 복종은 칭의에 기여하거나 그것을 촉진하지 못한다.

율법의 기능은 문제를 깨우쳐 복음의 은혜를 받아들일 수 있는 마음의 준비를 갖추게 하는 데 있다. 율법의 권세는 자유가 아닌 죽음이다. 따라서 칭의의 복음을 율법과 결합하는 것은 복음을 혼잡하게 만드는 것이다.

갈라디아교회의 유대주의자들, 곧 이방인이 기독교를 믿으려면 유대교의 음식법과 의식법을 지켜야 한다고 주장했던 사람들은 복음을 혼잡하게 만든 원흉들이었다.

그러나 복음 중심적인 운동을 표방하는 진영의 일각에서도 또 다른 극단이 존재한다. 이것은 율법주의만큼 위험하지는 않지만 상당한 위험성을 내포하고 있다. 일부 기독교 진영과 많은 그리스도인 사이에서 이른바 암묵적인 율법폐기론이 횡행하고 있다.[3]

우리는 은혜의 중심적인 기능을 항상 염두에 두어야 한다. 은혜는 한편으로는 율법주의의 구렁에 빠지지 않게 도와주고, 다른 한편으로는 율법폐기론의 구렁에 빠지지 않게 도와준다. 복음 중심적이라는 것은 율법을 경시하거나 소홀히 하는 태도와는 거리가 멀다.

하나님의 거룩하심을 나타내는 율법을 어떻게 경시할 수 있겠는가? 율법을 경시하는 것은 곧 하나님을 경시하는 것이다.

다윗이 즐거워했던 것을 어떻게 경시할 수 있겠는가? 율법을 경시하는 것은 예배를 경시하는 것이다.

그리스도께서 심혈을 기울여 성취하고자 하셨던 것을 어떻게

---

3) '율법폐기론'이란 '반율법주의'를 의미한다. 이것은 은혜로 구원받은 사람들은 하나님의 도덕법에 복종할 필요가 없다는 그릇된 가르침에 해당한다.

경시할 수 있겠는가? 율법을 경시하는 것은 그리스도와 그분의 희생을 경시하는 것이다.

바울이 성령의 영감을 받아 길게 논의하며 의롭다고 선언한 것을 어떻게 경시할 수가 있겠는가? 율법을 경시하는 것은 성령의 말씀을 경시하는 것이다.

물론 율법은 복음이 하는 일을 할 수 없다. 그러나 율법은 악하지 않고 선하다. 율법은 의도된 기능을 충실하게 발휘한다.

2년 전 나는 오스트레일리아에서 거의 죽을 뻔했다. 오스트레일리아에서는 죽는 일도 그리 어렵지 않기 때문에 거의 죽을 뻔한 일이 얼마든지 쉽게 일어날 수 있다.

아내와 나는 우리를 초대한 사람을 따라 시드니 해안 북쪽에 있는 해변에 나갔다. 파도 소리를 들으면서 백사장을 걷는 일은 매우 유쾌했다. 특히 즐거웠던 일은 바다를 향해 암석이 돌출된 지대를 돌아보는 일이었다. 길고 평탄한 바위 턱이 줄지어 있었고, 서로 높낮이가 다른 편평한 바위들이 늘어서 있었다. 그 위로는 작은 물줄기가 여기저기로 흘러내렸고, 작고 예쁜 물웅덩이가 곳곳에 형성되어 있었다. 우리는 바위틈을 비집고 다니며 말미잘을 만져 보기도 하고, 불가사리를 줍기도 하고, 작은 물고기들이 빠르게 움직이는 모습을 보기도 하면서 한가롭게 거닐었다.

암석 지대는 바위 턱 끝에서 갑자기 아래로 꺾여 바다와 맞닿았고, 파도가 부딪치면서 바위 턱 위로 하얀 거품을 일으켰다. 우리는 바위 턱이 있는 가장자리까지 걸어가서 공중에 날리는 물안개를 맞으며 강력한 파도가 발밑의 바위에 부딪히는 광경을 지켜보았다. 그렇게 그 지역을 살펴보면서 30분이 지나는 동안 우리는 아무런 위험을 느끼지 못했다. 바위 턱을 넘어서는 파도가 없었기 때문에 우리는 안전할 것이라 믿었다.

그런데 예상 밖의 일이 일어났다. 사나운 파도가 바위 턱을 넘어와 나와 아내를 쓰러뜨렸다. 나는 물을 흠뻑 뒤집어쓴 채 한쪽 바위틈으로 밀려났다. 두려운 생각이 들기 시작했다. 파도가 우리를 휩쓸어 바다로 끌고 갈 수도 있겠다는 생각이 들었다.

바닷물이 차올라 와 해변처럼 되었기 때문에 갈라진 틈과 물웅덩이들이 보이지 않았지만 우리는 황급히 그 위를 지나 되돌아왔다. 나는 두려움을 느끼며 숨을 헐떡였다. 넘어지고 긁히는 바람에 양쪽 다리가 피로 범벅이 되었다.

대체 무슨 일이 일어난 것일까?

나는 자연이 만든 성의 성주처럼 느긋한 마음으로 바위 위를 의기양양하게 거닐었다. 파도가 나의 실상을 깨우쳐 주기 전까지만 해도 세상의 왕이라도 된 듯한 기분이었다.

율법이 바로 그런 기능을 한다. 우리는 우리가 세상의 왕이요,

우리 삶의 주인인 것처럼 우리의 일에만 몰두하다가 하나님을 의식하는 순간에 갑자기 할 말을 잃고 멈춰 선다. 우리 스스로 충분하다는 자기만족적인 망상이 깨진다.

바울이 로마서 3장 19절에서 "우리가 알거니와 무릇 율법이 말하는 바는 율법 아래에 있는 자들에게 말하는 것이니 이는 모든 입을 막고"라고 말한 대로 율법은 우리의 입을 막고, 숨소리조차 죽이게 만든다.

이것이 바울이 갈라디아서 3장에서 성경이 모든 것을 죄의 권세 아래 가두었다고 말했을 때 염두에 둔 것이다.

그러나 성경은 율법을 통해 또 다른 일을 한다. 복음의 빛에 비춰 봐야만 율법의 올바른 기능이 비로소 분명하게 드러난다. "이같이 율법이 우리를 그리스도께로 인도하는 초등교사가 되어 우리로 하여금 믿음으로 말미암아 의롭다 함을 얻게 하려 함이라"(갈 3:24).

율법의 명령과 적용은 그리스도와 그분의 치료책, 곧 그분이 베푸시는 은혜의 치료책을 갈망하도록 우리를 훈련하는 "초등교사"의 역할을 수행한다.

율법은 하나님의 거룩하심과 우리의 불결함을 극명하게 대조함으로써 우리가 갇혀 있는 감옥을 올바로 이해하게 만들어 해방을 열망하도록 유도한다.

성경은 참으로 놀라운 책이 아닐 수 없다. 성경은 감옥을 열 수 있는 열쇠를 감옥 안에 집어넣어 준다. 성경은 처음부터 끝까지 자기 백성을 대하시는 하나님의 태도가 순전히 은혜에 근거한다는 것을 분명하게 보여 준다.

하나님은 죽어 마땅한 아담과 하와의 목숨을 연장하기 위해 동물 가죽으로 그들의 수치를 가려 주셨다.

하나님은 아브라함과 언약을 맺으시고, 모세를 도구로 사용하시고, 메시아의 계보를 잇기 위해 왕을 요구하는 이스라엘 백성의 그릇된 욕망을 일시적으로 허용하시는 등 오랜 세월에 걸쳐 다양한 방식으로 역사하셨다.

언뜻 행위를 강조하는 것처럼 보이는 성경말씀이 도처에서 "은혜로다, 은혜로다, 은혜로다."라고 속삭이고 있다. 이것이 갈라디아서 3장 8절과 히브리서 11장의 요점이요, 예수님이 엠마오로 가던 제자들에게 "성경에 쓴 바 자기에 관한 것을 자세히 설명"(눅 24:27)하신 이유다.

여기에서 어떤 사람은 "은혜가 성경의 주제라는 것은 이해하겠는데 어떻게 은혜가 '**오직 성경**'의 개념과 조화를 이루는지는 이해하기 어렵다"고 말할지 모른다.

그 점을 잠시 설명하면 다음과 같다. 성경의 궁극적인 권위를 부인하는 것은 곧 성경 위에 다른 궁극적인 권위를 인정하는 것이다. 역사적으로 말하면 그것은 종교개혁 시대에 로마 가톨릭 교회나 교황을 궁극적인 권위로 삼는 것과 같다.

로마 가톨릭교회와 교황은 **"오직 은혜"**로 구원받는다는 교리를 옳게 수호하지 않고, 거기에 다른 것을 더했다. 성경의 궁극적인 권위를 부인하면 거룩한 말씀의 권위에 다른 권위를 더함으로써 율법주의로 치우칠 수밖에 없다. 다시 말해 하나님의 말씀에 조건을 달면 복음에도 조건을 달 수밖에 없다.

매주 많은 교회 안에서 의무(해야 할 일들)를 강조하는 설교가 성행하는 이유도 성경의 권위는 인정하지만 그 충족성은 인정하지 않기 때문이다. 이것은 성경적인 복음을 선포하는 것만으로는 삶을 변화시키는 데 충분하지 못하기 때문에 우리의 행위를 더해야 한다는 개념이다.

물론 선행은 타협을 불허하는 신앙생활의 필수 요소다. 그러나 은혜보다 의무를 우선시하면 결국 은연중에 복음의 충족성을 훼손시켜 복음만으로는 사람을 변화시키기에 충분하지 않다는 입장을 취하기 쉽다. 그런 교회들은 **"오직 성경으로!"**에 단서를 달아 결국에는 **"오직 은혜로!"**에까지 단서를 붙이는 경향이 다분하다.

이처럼 성경의 충족성을 타협하는 것은 곧 은혜의 충족성을 타협하는 것으로 귀결된다.

한편 **"오직 은혜"**의 교리는 은혜를 종교개혁의 귀한 유산에 속하는 또 하나의 진리와 결부시킴으로써 **"오직 믿음"**의 교리를 실질적으로 뒷받침한다. 이 점을 설명하면 다음과 같다.

"오직 은혜"는 "오직 믿음"을 뒷받침하는 힘이다

믿음이란 무엇인가? 사람들이 **"오직 믿음으로!"**라는 개신교 교리를 잘 이해하지 못하는 이유 가운데 하나는 행위를 말하지 않고서는 믿음을 정의하기가 어렵다는 사실에서 비롯한다. 물론 행위가 없는 믿음은 죽은 믿음이라는 야고보의 말은 옳다(약 2:17, 26). 행위가 없는 믿음은 믿음이 아니다. 믿음과 행위는 서로 긴밀하게 연결되어 있다.

10대 청소년 시절에 교회 청소년 성가대에 속해 여러 교회를 다니면서 찬양 공연을 한 적이 있다. 공연이 끝나고 나면 청소년부 담당 목회자가 무대에 나와 복음을 전했다. 그는 매번 똑같은 예화를 곁들여 믿음을 설명했다. 그는 "군중이 모여 있는 그랜드캐니언(Grand Canyon)에서 한 남자가 외줄을 타고 깊은 계곡 위를 건너가려고 한다고 상상해 봅시다. 그는 군중에게 외바퀴 수레를 보여 주며 '내가 이 외바퀴 수레를 밀고 이 깊은 골짜기를 건널 수 있다고 생각하는 사람은 손들어 보세요.'라고 말했습니다. 그러자 거의 모든 사람이 손을 들었지요. 그는 빈 수레를 밀며 계곡을 건너갔다가 되돌아오는 묘기를 보여 주었습니다. 그러고 나서 다시 '내가 이 수레 안에 누군가를 태우고 똑같은 묘기를 보여 줄 수 있다고 생각하는 사람은 손들어 보세요.'라고 말했습니다. 다시 많은 사람이 손을 들었습니다. 그러자 그는 '좋습니다. 그러면 누가 이 수레에 타시겠습니까?'라고 물었습니다. 하지만 자원하는 사람은 아무도 없었습니다."라고 말했다.

이것은 참믿음이 무엇인지를 설명하기 위한 예화였다. 외바퀴 수레가 사람을 태우기에 충분하고, 그 사람이 그것을 밀면서 깊은 계곡 위를 건너갔다 올 수 있는 기술을 갖추고 있다고 말하더라도 실제로 그 안에 올라타기를 원하지 않는다면 그 믿음은 참믿음이 아니라는 것이다.

나는 이 예화를 생각하고, 또 생각해 보았지만 내 마음속에는 여전히 풀리지 않는 의문이 남아 있다. 어떻게 **"오직 믿음"**이 행위로 이루어질 수 있단 말인가? 외바퀴 수레에 올라타는 것은 행위다. 그렇지 않은가? 그것은 믿음에서 비롯한 행위이지만 그럼에도 불구하고 행위인 것은 틀림없다.

우리는 **"오직 믿음"**만이 칭의의 사역을 행할 수 있다는 개념을 고수하기 위해 믿음과 행위를 구분하려고 노력한다. 우리는 그 둘을 분리할 수 없지만 구별해야 한다.

믿음을 어떻게 정의해야 할까? "믿음은 신념이다."라고 대답했다면 "신념은 무엇인가?"라는 질문이 또 이어진다. 거기에 "신념은 신뢰다."라고 대답하더라도 "신뢰는 무엇인가?"라는 질문이 다시 제기된다. 그렇게 구분할수록 정의해야 할 것이 더 많아진다.

성경은 다양한 방식으로 믿음에 관하여 말씀하지만 믿음의 정의는 오직 하나뿐이다. 그것이 히브리서 11장 1절 "믿음은 바라는 것들의 실상이요 보이지 않는 것들의 증거니"라는 말씀에서 발견된다.

믿음은 아직 받지 않은 것에 대한 확신이자 지금 당장은 볼 수 없는 것에 관한 신념이다. 이것이 바울이 로마서에서나 갈라디아서 3장 21절에서 "약속"이라는 용어를 사용한 이유다.

족장들은 "약속"을 믿었다. 이것은 믿음과 어떤 관계가 있을까? 믿음을 행위와 전혀 상관없이 '일종의 비움'으로 생각하는 것이 좀 더 유익할 듯싶다. 칼빈이 말한 대로 아무것도 없는 빈 손은 "일종의 빈 그릇"과 같다.[4] 우리가 이신칭의 교리를 믿어야

---

4) John Calvin, *Institutes of the Christian Religion,* ed. John T. McNeill, trans. Ford Lewis Battles (Philadelphia: Westminster John Knox Press, 1960), 3.11.7.

하는 이유는 오직 하나님만이 우리를 의롭게 하실 수 있고, 오직 믿음만이 하나님의 무한한 은혜를 받아들이기에 충분한 "빈 그릇"이 될 수 있기 때문이다.

믿음의 속성은 연약함이다. 믿음은 의지할 대상을 찾는다(칼빈은 "믿음은 그 자체로는 의롭게 할 능력이 없지만 그리스도를 받아들이면 그런 능력을 지니게 된다"고 말했다).[5]

물론 믿음의 대상이 하나님이 아닐 수도 있다. 그러나 믿음은 무엇이든 반드시 의지할 대상이 있어야만 존재할 수 있다. 종교를 믿을 수도 있고, 가족이나 자기 자신을 믿을 수도 있다. 그러나 대상이 없이 단순히 믿음만을 갖는 것은 불가능하다.

전에 내가 목회하던 교회에서 어떤 여신도가 자신의 "믿음을 신뢰해야 할" 필요가 있다고 말하는 것을 들은 적이 있다. 너무나도 터무니없는 말인지라 나는 그런 생각은 결코 현명하지 못하다고 부드럽게 조언했다.

우리의 신뢰를 신뢰하고, 우리의 믿음을 믿는 것이 아니다. 그것은 나의 붙잡음을 내가 또 붙잡는다고 말하는 것과 같다.

루터가 말한 대로 **"오직 믿음"**이 교회의 흥망을 좌우하는 교리라면 내가 말하는 식으로 믿음을 정의하는 것이 이상하게 들릴

---

5) Ibid.

수도 있다. 내가 말하려는 요점은 교회의 흥망을 좌우하는 교리가 곧 연약함에 관한 교리라는 것이다.

복음의 영적인 이치를 고려하면 이런 정의는 전적으로 타당하게 들린다.

믿음은 연약함을 일깨운다. 이것이 기독교의 본질이다. 루터는 종종 우리의 죄와 그리스도의 의의 "놀라운 교환"이라는 말로 이것을 묘사했다.

우리는 믿음으로 말미암아 은혜로 구원받는다. 구원은 우리에게서 난 것이 아니다(엡 2:8). 세상의 모든 보화를 손에 들고 구원을 얻기 위해 협상을 시도한다면 그것은 그리스도의 의를 욕되게 하는 것이다.

그리스도께서는 "빈손으로 나와라. 아무것도 가져오지 마라. 가난한 심령으로 나와라. 그러면 내가 네게 **모든 것**을 주리라." 말씀하신다. 만일 우리의 것을 조금이라도 가지고 나온다면 거래는 성립되지 않는다.

우리는 **"오직 믿음"**으로 의롭다 하심을 받는다. 그러나 믿음은 무엇인가 의지할 대상이 있어야 한다.

우리의 칭의는 **"오직 믿음"**으로 이루어지고, 우리의 믿음은 **"오직 은혜"**로 주어진다.

바울은 갈라디아서 3장 21절에서 "그러면 율법이 하나님의 약속들과 반대되는 것이냐? 결코 그럴 수 없느니라. 만일 능히 살게 하는 율법을 주셨더라면 의가 반드시 율법으로 말미암았으리라."라고 말했다.

믿음은 칭의의 근거다. 그렇다면 믿음의 근거는 무엇일까? 율법은 아니다. 물론 행위가 없는 믿음은 죽은 믿음이다. 행위는 믿음을 확증하는 증거다. 믿음의 근거가 되는 은혜가 행위를 가능하게 한다.

그러나 세부적인 내용으로 들어가서 구원론의 세세한 요소를 살피며 '칭의의 시작'과 '구원의 완성' 같은 문제들을 다루기 시작하면 죄인들에게 구원자가 필요하다는 확실하고 분명한 진리를 모호하게 만들 가능성이 없지 않다. 복음은 하늘 아래 있는 그 어떤 힘보다 더 강력하지만 이해하기 힘든 정밀한 과학이 아니다.

물론 구원의 문제는 복잡하고, 신학자들이 다루기에 좋은 주제인 것이 틀림없다.

그러나 실망할 필요는 없다. 복음의 좋은 소식을 이해하는 데는 그렇게 많은 지식이 필요하지 않다. 복음은 위대하고, 영광스럽고, 다양한 측면을 지니고 있지만 그것을 복잡하게 만들지 않도록 주의해야 한다.

복음을 복잡하게 만들면 사람들에게 혼란을 일으켜 천국에 들어가는 길을 가로막게 될 가능성이 높다. 이것이 과거의 유대주의자들이 저질렀던 잘못이다.

자신의 믿음이 무엇에 근거하는지 생각해 보라.

은혜에 근거해야 한다. 그렇지 않으면 그 믿음은 무너진다. 은혜는 믿음의 연약함에 힘을 준다.

믿음은 하나님의 백성에게 능력을 주고(행 6:8), 복종을 고무하며(고전 15:10), 예배를 독려하고(고후 4:15), 고난을 견디게 하며(고후 12:9), 불의를 버리도록 훈련하고(딛 2:11-12), 시련의 때에 긍휼을 제공하며(히 4:16), 마음을 굳세게 한다(히 13:9).

바울은 고린도후서 9장 8절에서 "하나님이 능히 모든 은혜를 너희에게 넘치게 하시나니 이는 너희로 모든 일에 항상 모든 것이 넉넉하여 모든 착한 일을 넘치게 하게 하려 하심이라"고 말했다.

에베소서 2장 8절 말씀대로 믿음조차도 하나님의 선물이다. 믿음은 은혜로 주어진다(행 18:27; 롬 1:5). 구원은 순전한 은혜다. 구원의 근거는 아래로 무한히 늘어서 있는 거북이들이 아니라 은혜다(존 그린[John Green]의 『거북이는 언제나 거기에 있어』[Turtles All the Way Down]에 나오는 궤변 참조-역주).

그레샴 메이첸(Gresham Machen)은 "그리스도께서는 모든 것을 다 하시거나 아무것도 하지 않으신다. 따라서 그분의 긍휼을 온전

히 의지하고, 전적으로 그분을 신뢰하는 것만이 유일한 희망이다."라고 말했다.[6]

"**오직 은혜**"는 "**오직 믿음**"을 뒷받침하는 힘이다. 은혜가 아니라면 달리 어디에서 희망을 찾을 수 있겠는가? 믿음이 불안정하고 숱한 상처를 입어 연약하고 무력한 상태에서도 여전히 우리를 지탱해 줄 뿐 아니라 심지어 산을 옮길 만한 능력을 발휘하는 것도 바로 은혜 때문이 아니겠는가?

율법은 생명을 주는 힘을 가지고 있지 않다(갈 3:21). 우리는 믿음을 통해 하나님의 일꾼이 아닌 그분의 자녀가 된다(갈 3:26).

외로움과 절망에 사로잡혀 한밤중에 식탁에 앉아 양손으로 머리를 감싸 쥔 채 감당하기 어려운 중압감과 혼란을 느끼면서 앞으로의 일을 어떻게 헤쳐 나가야 할지 고민하며 당혹감과 소외감과 수치심과 불안감에 시달릴 때 예수 그리스도께서 부엌문 안으로 걸어 들어와 불빛 아래 모습을 드러내셨다고 상상해 보라. 그분이 얼굴에 어떤 표정을 짓고 계실지 생각해 보라. 그러면 세상이 완전히 달라 보일 것이다. "**오직 믿음**"의 힘은 "**오직 은혜**"에 있다.

한편 은혜는 무형의 기운과 같은 것, 곧 '저 높은 하늘에 있는

---

6) J. Gresham Machen, *Christianity and Liberalism* (Grand Rapids: Wm. B. Eerdmans Publishing Co., 2009), 21.

누군가에게서' 비롯하는 영적인 '좋은 감정'이 아니다. 은혜는 구체적으로 구현된다.

이 점을 잠시 설명하면 다음과 같다.

"오직 은혜"는 "오직 그리스도" 안에서 발견된다

그리스도 외에 다른 곳에서는 은혜를 발견할 수 없고, 의에 대한 율법적인 요구만을 발견할 뿐이다. 이것이 **"오직 은혜"**가 **"오직 그리스도"**를 이해하는 데 그토록 중요한 이유다. 다시 말해 참그리스도가 아닌 그리스도를 믿는 일이 얼마든지 일어날 수 있기 때문이다.

심신이 녹초가 된 상태로 식탁에 앉아 있을 때나, 이성 친구와 육체적으로 너무 깊은 관계를 맺고 나서 수치심을 느끼며 집으로 터덜터덜 돌아올 때나, 컴퓨터로 포르노그래피를 보고 싶은 유혹을 느낄 때나, 그것을 보고 나서 깊은 죄책감에 시달릴 때 그리스도를 떠올려 보라.

그분이 어떤 표정을 짓고 계실 것 같은가? 얼굴을 잔뜩 찌푸린 현장 감독 같은 모습이실까, 아니면 온통 은혜만이 가득한 모습이실까?

바울은 로마서 2장 4절에서 하나님의 인자하심이 우리를 회개로 이끄신다고 말했고, 디도서 2장 11-12절에서는 은혜가 불의를 버리도록 우리를 훈련한다고 말했다.

물론 거룩하신 주님은 우리에게 징계를 베푸실 수 있다. 이 세상에서 우리의 죄는 심각한 결과를 낳는다. 그러나 그리스도 안에 있는 한 정죄함은 없다(롬 8:1).

만일 목회자로 활동하고 있는데도 그리스도께서 죄책감과 수치심에 시달리는 죄인들에게 은혜로 다가가신다는 것을 믿지 않는다면 다른 직업을 찾아보는 것이 낫다.

율법은 자기를 과시하며 의기양양해한다. 고발자는 율법을 사용하는 법을 잘 안다. 그는 "네 삶이 왜 그 모양이냐?" "네 마음 깊은 곳을 들여다보렴." "너는 하나님의 축복을 결코 누리지 못할 것이다." "도대체 하나님이 너 같은 것을 어떻게 사랑하시겠니?"라고 질타한다.

율법은 자기가 해야 할 일을 한다. 율법은 우리를 평가하고, 조금도 칭찬할 것이 없다면서 우리를 단죄하고 부끄럽게 만든다. 바로 그 순간 복음이 거세게 밀려와 그 모든 것을 차단한다.

바울은 갈라디아서 3장 22절에서 "그러나 성경이 모든 것을 죄 아래에 가두었으니 이는 예수 그리스도를 믿음으로 말미암는 약속을 믿는 자들에게 주려 함이라."라고 말했다.

그런 다음 갈라디아서 3장 24절에서 "이같이 율법이 우리를 그리스도께로 인도하는 초등교사가 되어"라고 덧붙였고, 26절에서는 "너희가 다 믿음으로 말미암아 그리스도 예수 안에서 하나님의 아들이 되었으니"라고 말했다.

기독교는 어디에 조건을 다느냐가 중요하다. 복음에 율법의 조건을 달아서는 안 되고, 율법에 복음의 조건을 달아야 한다.

루터는 자신의 주석에서 이렇게 말했다.

죄인이 자신의 죄와 하나님의 진노를 깨달아 두려워하며 겸손해진 뒤에는 율법이 그에게 더 이상 아무런 작용도 하지 못한다. 그런 경우에는 율법을 향해 "율법 씨, 그 사람을 놔 주시오. 그는 이미 충분히 당할 만큼 당했소. 당신이 그를 완전히 겁에 질리게 만들었소."라고 말해야 한다. 그러면 이제 복음의 차례다. 이제는 그리스도께서 은혜로운 입으로 그에게 더 나은 것들, 곧 은혜, 평화, 용서, 영생을 말씀하실 것이다.[7]

루터에게 은혜는 비현실적인 것이 아니었다. 하나님의 거룩하

---

7) Martin Luther, *A Commentary on St. Paul's Epistle to the Galatians*, trans. Theodore Graebner (Christian Classics Ethereal Library, n.d.), n.p., http://www.ccel.org/ccel/luther/galatians.

심에 의해 단죄를 받고 나서 은혜로 불리는 무형의 '좋은 기분'에 의해 구원받는 것이 아니다. 율법처럼 은혜도 중보자를 통해 주어진다(갈 3:20).

율법을 온전히 성취하신 주님보다 더 나은 중보자가 어디에 또 있겠는가? 중보자를 통해 우리에게 주어진 은혜는 온전히 거룩하다.

이처럼 은혜라는 '사물'은 없고, 오직 예수님만이 계실 뿐이다. 싱클레어 퍼거슨(Sinclair Ferguson)은 다음과 같이 설명했다.

> "은혜"라고 불리는 사물이나 물체나 '유사 물체'는 존재하지 않는다. 오직 주 예수님의 인격, 곧 칼빈이 즐겨 말한 대로 "복음으로 옷 입으신 그리스도"만이 존재하실 뿐이다. 이 점을 좀 더 분명하게 설명하면 이렇다. 예수님이 자기에게서 떼어 내게 건네주시는 '물건'은 없다. 오직 예수님 자신뿐이다. … 우리에게 은혜라는 것을 주기 위해 십자가에 못 박힌 물건은 없다. 주 예수님이 성령의 사역을 통해 우리에게 자신을 내주기 위해 친히 십자가에 못 박히셨다.[8]

---

8) Nathan W. Bingham, "By Grace Alone: An Interview with Sinclair Ferguson", Ligonier Ministries, June 6, 2014, http://www.ligonier.org/blog/grace-alone-interview-sinclair-ferguson/.

구원은 순전한 은혜, **"오직 은혜"**다. 이는 구원이 전적으로 그리스도, **"오직 그리스도"**에게서 비롯한다는 뜻이다.

이 감격스러운 기쁨의 원천으로부터 은혜가 충만한 찬송가가 터져 나온다.

> 율법에서 해방되었네. 오, 얼마나 행복한 상태인가!
> 예수님이 피를 흘리심으로 죄사함을 받았네.
> 율법으로 저주를 받고, 타락으로 상처를 입었으나
> 은혜가 우리를 단번에 속량했네.
> 오, 죄인이 단번에 속량되었네.
> 오, 친구여, 단번에 믿고, 십자가를 붙들면
> 무거운 짐이 벗겨지리.
> 그리스도께서 우리를 단번에 속량하셨네.[9]

로마 가톨릭교회와 교황주의를 비롯한 모든 율법주의자들은 은혜를 괴질처럼 여겨 두려워하고 저주스럽게 생각하지만 은혜가 누구라도 능히 '감화시킬 수' 있는 가장 놀랍고 가장 불가사의한 효력을 지니고 있다는 사실을 깨달은 사람은 이와 같이 외

---

9) Philip Paul Bliss, "Free from the law, o Happy Condition"(1871).

치지 않을 수 없다. **"오직 은혜"**의 현실이 우리의 영혼에 더 깊이 자리 잡을수록 더 많은 자유(죄를 짓는 자유가 아닌 찬양을 외칠 자유)를 누릴 수 있다.

이런 이유에서 **"오직 은혜"**는 마지막 '오직' 교리인 **"오직 하나님께 영광!"**과 밀접하게 관련된다. 이 점을 잠시 살펴보면 다음과 같다.

"오직 은혜"는 "오직 하나님의 영광"을 선포한다

"오직 은혜"로 말미암은 구원을 붙잡지 않으면 은혜를 욕되게 만들어 하나님의 영광을 찬탈하는 결과를 피하기 어렵다.

> 그런즉 율법은 무엇이냐? 범법하므로 더하여진 것이라. 천사들을 통하여 한 중보자의 손으로 베푸신 것인데 약속하신 자손이 오시기까지 있을 것이라. 그 중보자는 한편만 위한 자가 아니나 하나님은 한 분이시니라(갈 3:19-20).

율법은 천사들과 모세를 통해 주어졌다. 우리는 이 사실을 사도행전 7장 38, 53절과 히브리서 2장 2절에서 확인할 수 있다.

신명기 33장 2절은 하나님이 "만 명의 거룩한 자들"과 함께 시내산에 임하셨다고 말씀한다(기독교 표준역 성경[CSB] 참조-역주). 그것은 매우 인상적인 광경이었다.

바울은 "그 중보자는 한편만 위한 자가 아니나"라고 말했다. 명령의 사슬을 연결하는 고리가 여럿 있었다. 즉 하나님으로부터 만 명의 거룩한 자들을 통해 모세에게 주어졌고, 그로부터 다시 백성들에게 전달되었다. 그 모든 것에는 제사장들과 의식법과 각종 규례가 포함되었다. 율법을 전달하고 집행하는 일에는 "팀워크가 꿈을 이루게 한다"는 세간의 말이 정확하게 적용된다.

그러나 갈라디아서 3장 20절은 "하나님은 한 분이시니라"고 말씀한다.

복음이 율법보다 더 나은 이유는 무엇일까? 왜 예수님이 다른 중보자들보다 더 영광스러우실까? 그 이유는 하나님이 친히 혼자서 자기 백성을 위해 모든 일을 하시기 때문이다.

율법의 광범위하고, 포괄적이며, 철저한 속성을 생각해 보라. 산 위에서 만 명의 불꽃같은 천사들을 통해 모세에게 전달되어 그의 얼굴에서 밝게 빛났던 광채를 생각해 보라. 정확한 치수법과 매일 되풀이되는 희생 제사와 세부 조항에 대한 세밀한 관심을 생각해 보라. 그리고 이번에는 그리스도 예수께서 그 모든 것보다 더 영광스럽고, 더 정확하고, 더 만족스럽고, 더 포괄적이시라는 사실을 생각해 보라.

예수님은 의의 언약과 관련해 단지 자신이 해야 할 일만을 감당하는 데 그치지 않으셨다. 그분은 우리가 해야 할 일도 모두 감당하셨다. 중보자는 한 사람 이상이지만 하나님은 한 분이시다. 그분은 자신의 일과 우리의 일을 모두 감당하신다. 율법은 선하다(왜냐하면 그렇게 의도되었기 때문이다). 그러나 예수님은 그보다 무한히 더 선하시다.

율법을 통해 구원받을 수 있다면 우리는 자랑할 수 있다. 그러나 구원이 순전한 은혜, **"오직 은혜"**라면, 곧 하나님께서 모든 일을 다 이루시는 것이라면 오직 그분만이 모든 영광을 받으셔야 마땅하다.

복음이 하나님을 가장 영화롭게 하는 이유는 하나님께서 친히 자기를 통해 우리를 자기로부터 구원하시어 자기에게로 이끄신다고 선언하기 때문이다. 이처럼 **"오직 은혜"**는 **"오직 하나님의 영광"**을 선포한다.

3
오직 믿음으로!

Sola Scriptura
Sola Gratia
Sola Fide
Solus Christus
Soli Deo Gloria

제이슨 듀싱

Jason G. Duesing

Sola Fide

C. S. 루이스(C. S. Lewis)의 『은의자』(The Silver Chair)도 『나니아 연대기』(Narnia Books) 가운데 먼저 출판된 세 권의 책과 똑같이 시작한다.[1]

긴장감 넘치는 사건이 있고 나서 어린아이들이 신기한 문을 통해 마법의 세계로 들어간다. 『은의자』 이야기는 그들이 그곳에 들어간 뒤에 일어나는 일을 통해 독특하게 전개된다.

앞선 이야기에 등장하는 어린아이들의 사촌 유스터스 스크럽(Eustace Scrubb)과 그의 친구 질 폴(Jill Pole)이 학교에서 대화를 나눈다. 유스터스는 질에게 자신이 여행했던 세계에 대해 말해 주고 나서 그곳에 다시 들어갈 수 있는지를 묻기 위해 함께 나니아의 군주 사자 아슬란(Aslan)을 부르기 시작한다.

그러던 중 그들은 자기들을 괴롭히려는 다른 짓궂은 학교 친구들을 피해 문이 있는 곳으로 달려가서 그 문을 열고 안으로 들어간다. 그 순간 그들은 자신들이 나니아의 세계에 들어선 것을 알게 된다.

---

[1] C. S. Lewis, *The Silver Chair* (New York: MacMillan, 1953).

그들이 서 있는 곳은 절벽 가장자리에 있는 숲속이었다. 간단히 요약하면 잠시 후에 유스터스는 절벽 아래로 떨어진다. 질이 상황을 미처 파악하기도 전에 사자 아슬란이 갑작스레 나타나서 말을 하거나 으르렁거리지 않고, 단지 입김으로 강한 바람을 일으켜 유스터스를 나니아로 안전하게 날려 보낸다. 깜짝 놀라 몸을 돌이킨 질은 사자 아슬란과 마주친다. 아슬란은 질에게 한 가지 임무를 지시하고, 유스터스처럼 질도 나니아로 날려 보낼 것이라고 설명한다.

아슬란은 "앞장서서 절벽 가장자리까지 걸어가라"고 명령했다. 질은 절벽 가장자리까지 걸어갔다. 질의 앞과 뒤에는 깊은 낭떠러지와 강력한 사자 외에 아무것도 없었다. "질이 절벽 가장자리에 막 다가갈 무렵 뒤에서 '가만히 있거라.'라는 소리가 들려왔다." 그러자 아슬란은 질에게 자신의 지시사항을 상기시켜 주었다.

사자의 음성은 더욱 부드러워졌고 "질은 이미 자기가 절벽에서 100미터쯤 날아오른 것을 알고 깜짝 놀랐다. 절벽 가장자리에 있는 사자가 한 점의 황금색처럼 보였다. 질은 사자의 입김이 일으킨 바람이 무서워 이를 악물고, 양 주먹을 불끈 쥐었다. 그러나 사실 사자의 입김은 질이 땅 위에서 날아오르는 것조차 의식하지 못할 만큼 부드러웠다. … 사자의 입김을 타고 둥둥

떠가는 것은 너무나도 편안했다. 질은 마치 물속에서처럼 뒤로 드러눕기도 하고, 앞으로 엎드리기도 하는 등 마음대로 자세를 취했다."

질은 사자의 입김을 타고 가는 내내 수동적이었다. 그녀는 오직 입김에 실려 나니아로 옮겨졌다. 그녀는 자기 힘으로 공중을 날아갔다고 자랑할 생각이 전혀 없었을 것이 틀림없다. 그녀가 그렇게 할 수 있었던 것은 사자의 명령에 복종했기 때문이었다. 또한 그녀가 나니아로 보내지게 된 이유는 선한 일을 하기 위해서였다. 그러나 그녀의 선한 임무는 원인이 아닌 결과, 곧 입김을 타고 간 뒤에 그녀가 하게 될 일이었다.

그녀는 타력으로 경계선을 넘게 된 사실을 인정했을 뿐 아니라 도착한 뒤에는 더 해야 할 일이 없다고 빈둥대지 않았다. 그녀는 자신의 욕망을 추구하지도 않았고, 아무 일도 하지 않고 가만히 앉아 있지도 않았다. 그녀가 나니아로 보내지게 된 데에는 목적이 있었다. 그녀가 그곳에 간 것은 그녀가 칭찬받아야 할 공로가 아니었다. 모든 공로는 사자의 몫이었다.

아슬란이 질을 나니아에 보낸 것은 구원신앙에 관한 성경의 가르침과 종교개혁자들이 **"오직 믿음으로!"**라고 일컬은 것을 이해하는 데 많은 도움을 준다. 21세기를 살아가는 우리로서는 그리스도를 믿는 믿음과 그분에 대한 복종의 관계를 어떻게 이해하느냐가 큰 관건이다. 그것은 기쁨의 삶과 하나님을 영화롭게 하는 자유를 누리는 데 결정적인 영향을 미친다. **"오직 믿음"**이 무슨 의미인지를 좀 더 잘 이해하려면 먼저 로마서 1장 16-17절 말씀을 살펴보고, 그런 다음에는 **"오직 믿음"**이 마르틴 루터라는 한 로마 가톨릭교회 수도사의 회심에 어떤 역할을 했는지에 초점을 맞춰 그 역사적 배경을 구체적으로 밝히고 나서 이 교리가 신자를 어떻게 도와 하나님께서 오늘날 우리에게 요구하시는 일을 이행하게 만드는지를 차례로 간단하게 정리하는 순서를 따르는 것이 좋을 듯하다.

"오직 믿음"의 성경적 근거 (로마서 1장 16-17절)

"내가 복음을 부끄러워하지 아니하노니 이 복음은 모든 믿는 자에게 구원을 주시는 하나님의 능력이 됨이라. 먼저는 유대인에게요 그리고 헬라인에게로다. 복음에는 하나님의 의가 나타나서 믿음으로 믿음에 이르게 하나니 기록된 바 오직 의인은 믿음으로 말미암아 살리라 함과 같으니라"(롬 1:16-17).

이 두 구절의 성경말씀은 개신교 종교개혁과 마르틴 루터의 삶에서 강력한 역할을 했다. 사실 이 말씀은 바울이 성령의 영감을 받아 기록한 이후로 하나님의 백성들 사이에서 줄곧 엄청난 효력을 발휘해 왔다.[2] 이 말씀은 로마서의 핵심이자 신약성경의 중심 진리인 것이 틀림없다.

바울은 16절에서 부정의 표현을 사용했다. 그는 자신이 복음을 부끄러워하지 '않는' 이유를 설명했다.

바울이 복음을 부끄러워하지 않았던 이유는 그것이 좋은 소식이기 때문이다.

타락한 세상은 복음을 어리석은 것으로 간주하기 때문에 그것을 항상 불쾌하게 여긴다. 그러나 "복음"이라는 말 자체가 의미하는 대로 복음은 '좋은 소식'이다. 이런 점에서 복음은 모든 평가나 논의를 초월한다. 철학자 로저 스크러튼(Roger Scruton)이 말한 대로 이것이 중세 신학자 토마스 아퀴나스(Thomas Aquinas)가 하나님에게서 비롯한 참되고, 선하고, 아름다운 것들을 "초월자"로 일컬었던 이유다. 이 말은 하나님에게서 나온 선물들은 세상이 이해할 수 있는 것보다 훨씬 더 실재적이라는 의미를 지닌다. 따라서 이 선물들의 선함은 변하지 않는다. 그것을 이해하려면 우리가 변해야 한다.[3]

---

2) 다음의 자료를 참조하라. Jeffrey P. Greenman and Timothy Larsen, eds. *Reading Romans Through the Centries* (Grand Rapids: Brazos Press, 2005).

3) Roger Scruton, Beauty: *A Very Short Introduction* (Oxford: Oxford University Press, 2011), 3-4.

바울이 복음을 부끄러워하지 않았던 이유는 그것이 하나님의 능력에서 비롯했기 때문이다. 많은 사람이 그리스도와 제자들의 진리 주장을 조롱했지만 복음은 하나님이 주신 선물이며, 인간의 능력에 의존하지 않는다. 마틴 로이드존스(Martyn Lloyd-Jones)는 "복음은 자기 노력을 독려하지 않는다. 복음은 하나님이 우리를 구원하기 위해 하신 일을 선포한다"고 말했다.[4] 바울은 하나님의 능력과 긍휼을 나타내는 복음을 부끄러워하지 않았다.

바울이 복음을 부끄러워하지 않았던 이유는 그것이 구원의 효력을 지녔기 때문이다. 종교와 비종교를 막론하고 세상에 존재하는 모든 메시지 가운데 참된 구원의 효력을 지닌 메시지는 오직 예수 그리스도의 복음뿐이다. 세상을 설명하고 이해하려는 다른 모든 형태의 가르침은 내면을 들여다보고 신과 화목할 방법을 찾든지, 아니면 스스로의 힘으로 기쁨을 얻든지 둘 중 하나를 선택하라고 말한다. 어떤 가르침은 스트레스를 덜어 주고 관계를 개선하는 데 약간의 도움을 주기도 하지만 죄를 씻어 주거나 우주의 창조주이신 하나님과 올바른 관계를 맺게 해 주지는 못한다. 심판으로부터의 구원을 제공할 수 있는 것은 오직 복음뿐이다.

---

4) Martyn Lloyd-Jones, *Romans: An Exposition of Chapter 1* (Edinburgh: Banner of Truth, 1985), 278.

바울이 복음을 부끄러워하지 않았던 이유는 그것이 믿는 모든 사람을 구원하기 때문이다. "하나님이 세상을 이처럼 사랑하사 독생자를 주셨으니 이는 그를 믿는 자마다 멸망하지 않고 영생을 얻게 하려 하심이라"(요 3:16)라는 복음의 선포는 세상에 사는 사람들 가운데 희망이 없는 사람은 아무도 없다는 의미를 담고 있다. 하나님은 믿는 모든 사람을 구원하실 수 있고, 또 기꺼이 구원하신다.

바울이 복음을 부끄러워하지 않았던 이유는 그것이 모든 사람을 위한 것이기 때문이다. 바울은 복음이 유대인과 이방인 모두에게 주어졌다고 말했다. 하나님은 아브라함에게 하늘의 별들을 세어 보라고 말씀하시면서 그의 후손을 그 별들만큼 많게 하겠다고 약속하셨다(창 15:5). 하나님은 세상의 모든 민족을 구원하기 위한 계획을 세우셨다. 바울은 아브라함의 후손인 그리스도 예수 안에서는 "유대인이나 헬라인이나 … 모두 하나"라고 선언함으로써(갈 3:28) 출생지나 혈통에 상관없이 하나님의 형상으로 창조된 모든 사람에게 희망을 전했다.

한편 17절에서는 그와 대조적으로 긍정의 표현을 사용해 믿는 자들을 위한 복음의 본질적 특성을 설명했다.

복음은 계시다. 로마서의 처음 두 구절은 복음을 하나님께서 "선지자들을 통하여 … 미리 약속하신 것이라"고 말씀한다(롬 1:1-

2). 바울은 갈라디아서에서 앞에서 말한 사실, 곧 복음이 아브라함에게 먼저 전달되었다는 사실을 언급했다(갈 3:8; 창 15장 참조). 그는 로마서 1장 17절에서도 구약성경의 또 다른 구절(합 2:4)을 인용해 복음의 본질에 관한 자신의 설명을 뒷받침했다. 복음은 구약성경에서 온전히 나타나지 않았지만 당시의 사람들과 미래의 신자들을 위해 미리 예고되었다.

바울은 고린도전서에서 구약성경이 우리를 깨우치기 위해 기록되었다고 말했다(고전 10:11). 구약 시대의 성도들은 자기들에게 계시된 것을 믿고, 믿음으로 하나님의 약속을 바라보았다. 우리는 예수 그리스도 안에서 온전히 계시된 것을 믿고, 믿음으로 하나님의 약속을 되돌아본다. 이 모든 것은 예수 그리스도에 관한 좋은 소식이 하나님의 계시를 통해 주어졌다는 사실을 일깨운다. 이것은 기독교의 뛰어난 독특성 가운데 하나다. 구원에 관한 소식은 금판의 발견이나 종교적인 순례를 통해 주어지는 것이 아니다. 복음은 하나님께서 적절한 때에 우리에게 직접 계시하신 것이다.

복음은 하나님의 의를 드러낸다. 앞으로 살펴보겠지만 "하나님의 의"는 마르틴 루터에게 큰 걸림돌이었다. 이 점은 다른 많은 사람에게도 그러할 것이다. 어떤 사람들은 바울이 단순히 하나님의 의로우심을 언급한 것이라고 생각한다. 의는 하나님의 거룩하고 완전한 속성이다. 하나님은 타락한 인류와 온전히 구별되신다. 바울의 말은 언뜻 생각하면 하나님께서 자신의 의롭고 선하고 완전한 본성만을 드러내시고, 악하고 부패한 인간을 구원할 방도를 제공하지 않은 채 의로움을 요구하시는 것처럼 들린다. 그러나 좀 더 자세히 살펴보면 하나님의 완전하고 순결한 의가 타락한 인간에게 주어지고, 전달되고, 전가된다는 의미가 내포되어 있는 것을 알 수 있다.

타락한 인간이 어떻게 완전하신 하나님 앞에서 의롭게 될 수 있을까? 바울은 로마서 1장 17절에서 그리스도 안에서 하나님이 자신의 의를 내어주어 완전에 대한 요구를 스스로 충족시키신다고 선언했다. 그는 고린도후서 5장 21절에서 "하나님이 죄를 알지도 못하신 이(예수님)를 우리를 대신하여 죄로 삼으셨다"고 말했다. 또한 그는 빌립보서 3장 9절에서 인간이 "그리스도를 믿음으로 말미암아" 하나님의 완전한 의를 얻을 수 있다고 말했다. 예수님은 완전한 삶을 살고, 완전한 희생을 드리심으로써 하나님께서 요구하시는 완전함을 죄인인 인간에게 전가하는 데 필요한 대가를 온전히 치르셨다.

복음은 "오직 믿음"만이 의롭게 되는 수단이라고 가르친다. 의의 전가는 어떻게 이루어질까? 우리가 가장 필요로 하는 것, 곧 하나님의 의가 어떻게 우리의 것이 될 수 있을까?

바울은 **"오직 믿음"**으로만 그렇게 될 수 있다고 가르쳤다.

그렇다면 믿음이란 무엇일까? 신약성경에 따르면 믿음은 모든 사람에게 선천적으로 주어지는 것이 아닌 하나님의 선물이다. 믿음에 관해 생각하다 보면 여러 가지 비유적인 설명을 접하게 되지만 그 가운데 도움이 될 만한 것은 그리 많지 않다. 그 이유는 믿음이라는 용어가 성경적인 개념과 다른 의미로 사용될 때가 많기 때문이다. 이 점을 세 가지 예를 들어 살펴보면 다음과 같다.

첫째, 로이드존스는 믿음을 비행기 타는 것에 비유하는 것은 옳지 않다고 설명했다. 어떤 사람은 인간이 조종하는 쇠붙이에 올라타고 수천 킬로미터를 비행하려면 상당한 믿음이 필요하다고 말할지 모른다. 그러나 그것은 믿음이 아닌 수학적인 개연성을 신뢰하는 것이다. 비행은 물리학과 수학 법칙에 따라 논리적으로 이해될 수 있는 일이기 때문에 비행하는 것이 안전한 이유를 합리적으로 설명할 수 있다.

둘째, 믿음을 율법보다 더 쉽고, 더 수월하게 생각하는 것도 옳지 않다. 그리스도인들은 종종 구약의 '첫 번째 계획'이 실패했기 때문에 신약의 '두 번째 계획'인 믿음이 등장하게 되었다는 식으로 생각한다. 하나님의 백성이 율법을 성취하거나 지킬 수 없었기 때문에 하나님께서 '믿음'으로 율법을 우회할 수 있는 새로운 계획을 제시하셨다는 논리다. 이런 생각은 매우 흔하지만 성경의 가르침에 부합하지 않는다. 성경은 율법이 선하며, 그리스도 안에서 온전히 성취되었다고 가르친다. 그리스도 안에 있는 신자들은 그분을 믿는 믿음을 통해 율법의 요구를 충족시킨다. 그들은 율법을 우회하지 않고, 믿음으로 율법을 직접 거쳐 그리스도 안에서 하나님과 관계를 맺는다.

셋째, 믿음은 구원을 얻는 공로가 아니다. 그리스도인들은 단지 더 많은 믿음을 갖는 것이 필요하다고 생각하는 경향이 있다. 그런 생각은 믿음을 크기를 잴 수 있는 물건처럼 다루는 것으로, 궁극적으로 믿음을 행위로 간주하는 잘못을 낳는다. 구원은 행위가 아닌 믿음으로 얻는다(엡 2:9). 믿음은 율법주의나 우리의 힘이나 공로로 하나님의 의를 얻으려는 노력과 무관하다. 하나님의 의는 믿음을 통해 주어진다. 믿음 자체가 우리를 의롭게 하는 것이 아니다. 우리를 의롭게 하는 것은 그리스도의 의고, 그것은 믿음을 통해 주어진다. 우리는 **"오직 믿음"**으로 의롭게 된다. 새로운 의는 열매, 곧 선한 행위를 낳는다. 우리는 구원받은 이후에 '믿음으로' 산다. 선행은 믿음의 결과다.

믿음은 차라리 다리에 빗대는 것이 더 낫다. 믿음은 구원으로 건너가는 다리다. 믿음은 우리를 구원의 땅으로 인도하는 항로나 배와 같다. 로마서 1장 17절의 "믿음으로 믿음에 이르게 하나니"라는 문구는 "믿음에 의해 믿음에 이르게 한다."로 번역할 수 있다. 즉 하나님은 자신이 우리에게 주신 믿음으로 자신의 의를 얻게 하신다. 하나님의 의는 그분의 선물이다. 우리는 믿음의 선물을 통해 그리스도에 의해 구원받는다.

복음은 '의인'을 탄생시킨다. 바울은 하박국 2장 4절을 인용해 "의인은 믿음으로 말미암아 살리라"고 말했다. 이 말의 영광스러움을 간과해서는 안 된다. 그의 말은 "의인"이 된 사람들이 있다는 뜻이다.[5] 인간인 우리가 용서받고, 깨끗하게 되고, 의롭게 되고, 구원을 받아 하나님 앞에서 의인이 될 수 있다. 예수님의 삶과 죽음과 부활, 곧 그분의 희생과 대리 속죄를 믿으면 하나님의 의를 소유할 수 있다. 이런 일은 하나님의 선물인 믿음을 통해서만 일어날 수 있다.

역사적, 신학적 배경

2017년은 종교개혁 500주년을 성대하게 기념한 한 해였다. 많은 책과 집회와 현장 연구와 토론회 등 사도행전 2장에서 교회

---

5) Martyn Lloyd-Jones, *Romans*, 308.

가 처음 시작된 이후 하나님의 백성 가운데서 일어난 가장 위대한 부흥 운동으로 일컬어지는 사건을 축하하고, 더 많은 것을 배울 수 있었던 기회가 많이 주어졌다.

개혁의 선두 주자였던 마르틴 루터를 언급하지 않고는 종교개혁의 시작을 적절하게 논의하기가 불가능하다. 1483년에 태어난 루터는 1517년에 로마 가톨릭교회의 신학적, 정치적 부패에 대해 '항의'의 포문을 열었다. 따라서 2017년이 종교개혁 500주년이 되는 셈이다. 그때부터 지금까지 루터는 칭찬과 비난의 표적이 되어 왔다. 대부분의 신학교 도서관에는 예수님에 관한 책을 제외하고는 루터에 관한 책이 그 어떤 인물에 관한 책보다 더 많이 소장되어 있다. 그의 이름은 불명예와 분열의 대명사처럼 간주되었고, 그의 책들은 여러 번 불살라지는 운명을 겪어야 했다. 그러나 500년이 흐른 오늘날 루터는 더 이상 무시되어서도 안 되고, 무시될 수도 없는 인물로 남게 되었다.

"오직 믿음"의 교리를 논의하려면 루터의 생애와 종교개혁에 관심을 기울여야 할 필요가 있다. 왜냐하면 종교개혁은 세상은 물론 루터의 마음을 변화시켰기 때문이다. 종교개혁의 중심에는 하나님이 루터의 마음을 변화시키신 중요한 사건이 놓여 있다. 거기에서부터 시작된 교리들이 종교개혁을 그토록 강력하게 만든 원동력이 되었다.

루터가 수도사가 된 이유

1505년 마르틴 루터는 혼자 길을 가다가 무서운 뇌우를 만났다. 롤런드 베인튼(Roland Bainton)은 당시의 사건을 다음과 같이 묘사했다.

1505년 7월의 어느 무더운 날, 한 여행자가 혼자서 바짝 마른 길을 따라 스토테른하임(Stotternheim)의 색슨(Saxon) 마을 근처를 터벅터벅 걸어가고 있었다. 체구가 작고 다부진 그 젊은이는 대학생 신분을 나타내는 옷을 입고 있었다.

그가 마을에 가까이 다가갈 무렵, 갑자기 하늘이 깜깜해지더니 소낙비가 쏟아지며 강한 폭풍이 몰아닥쳤다. 강렬한 벼락이 어둠을 가르며 내리쳐 그를 땅에 넘어뜨렸다.

그는 두려움에 질려 간신히 몸을 가누고 일어서면서 "성 안나(St. Anne)여, 도와주소서. 그러면 수도사가 되겠습니다."라고 소리쳤다.

성인의 도움을 구했던 사람이 나중에 성인 숭배를 비판했고, 수도사가 되겠다고 서원했던 사람이 나중에 수도원 제도를 거부했으며, 로마 가톨릭교회의 충실한 제자였던 사람이 나중에 중세 가톨릭주의를 무너뜨렸고, 교황의 충실한 종복이었던 사람이 나중에 교황을 적그리스도와 동일시했다. 이 젊은이가

바로 마르틴 루터다.[6]

14-15세기의 유럽은 잦은 전염병과 정치, 경제적 격변 때문에 죽음에 대한 불안이 크게 고조되던 시기였다. 루터는 당시에 살던 대다수의 젊은이들과 상황이 비슷했을 뿐 아니라 감정의 기복이 심했고, 종종 우울증을 앓았으며, 보통의 젊은이들보다 종교적인 성향이 더 강했다. 그가 뇌우를 만나 두려워한 이유는 죽음 자체 때문만이 아니라 죽음을 맞이할 준비가 되지 않았다는 생각 때문이었다.[7] 번개는 로마 가톨릭 신자였던 그를 놀라게 하여, 수도사가 되어 하나님의 인정을 받겠다는 결심을 다지게 했다.

성경으로 직접 눈을 돌린 루터

중세 사람들은 수도원 생활이 하나님께 가장 가깝게 다가갈 수 있는 통로이고, 수도사는 천국에서 높은 평가를 받는다고 생각했다. 루터는 특별히 예민한 양심을 지녔기 때문에 수도원 생활에 온전히 헌신했다. 그는 수도사로서 엄격하게 살면 하나님

---

6) Roland Bainton, *Here I Stand: A Life of Martin Luther* (Peabody, MA: Hendrickson, 2011), 1.
7) Justo L. Gonzalez, *A History of Christian Thought*, vol. III (Nashville: Abingdon, 1987), 30.

께서 호의를 베푸실 것이라고 믿었다. 그는 결국 고행으로 인해 건강을 해치는 데까지 나아갔다. 루터는 자신의 죄를 깊이 의식하며 하나님의 정의와 거룩하심을 두려워했다. 그는 하나님의 인정을 받기 위해 금욕적인 삶을 살면서 금욕을 얼마나 해야 충분할지 궁금해했다.[8]

루터는 그때까지도 고해와 고행을 통해 죄사함을 받을 수 있다고 믿었지만 결국에는 모든 죄를 일일이 다 고백할 수 없다는 것을 깨달았다. 그러자 그는 인간이 도달할 수 없는 거룩함의 기준을 세우셨다는 이유로 하나님께 불만과 증오를 드러내기 시작했다. 그러다 얼마 뒤에 비텐베르크로 거처를 옮겼고, 그곳에서 선배 수도사인 요한 폰 슈타우피츠(Johann von Staupitz)를 만났다. 슈타우피츠는 루터의 조언자가 되어 두려움과 불안을 쏟아내는 그의 말을 유심히 들어 주었고, 공부를 좀 더 해서 비텐베르크대학교에서 교수로 일하라고 권고했다.

그 후 루터에게 교수 일과 목회를 동시에 할 수 있는 기회가 주어졌다. 슈타우피츠가 루터에게 그런 활동을 권유한 이유는 다른 사람들의 의심과 필요에 관심을 기울이게 되면 그의 의심도 해소될 수 있을 것이라고 생각했기 때문이었다.[9]

---

8) Ibid., 31.
9) Ibid., 32.

루터가 그렇게 영적으로 방황하는 동안 하나님의 은밀한 섭리가 성경으로 직접 눈을 돌리도록 그를 이끌었다. 슈타우피츠는 루터에게 성경을 살펴보라고 권고했다. 루터는 나중에 "말씀이 모든 것을 이루었다"고 말했다.[10]

루터는 성경 연구에 몰두했다. 그는 1513년과 1517년 사이에 시편, 로마서, 갈라디아서를 강의했다. 특히 로마서 연구는 놀라운 변화를 가져왔다.

루터는 나중에 로마서에 대해 이렇게 말했다. "(로마서는) 모든 그리스도인이 영혼을 위한 매일의 양식으로 받아들여 날마다 들여다보며 낱말 하나까지 모두 음미해야 할 가치를 지닌 복음의 결정체다. 그것은 한 번에 너무 많이 읽거나 묵상할 수 있는 성경이 아니다. 자주 읽고 생각할수록 더 보배롭게 느껴지고, 더 깊은 맛을 느낄 수 있다."[11]

바울의 귀한 서신에 대한 루터의 연구는 역사상 많은 사람이 던졌던 질문, 곧 "내가 어떻게 하여야 구원을 받으리이까"(행

---

10) *Sermons I in Luther's Works* (LW), 51:77-78, ed. and trans. John W. Doberstein (Minneapolis: Fortress Press, 1959).
11) Martin Luther, "Preface to the Epistle of St. Paul to the Romans" (1522, Revised 1546), Timothy F. Lull and William R. Russell, eds., *Martin Luther's Basic Theological Writings*, 3rd ed. (Minneapolis: Fortress Press, 2012), 76. *Word and Sacrament I, Luther's Works (LW)*, 35:365, ed. and trans. E. Theodore Bachman (Minneapolis: Fortress Press, 1960).

16:30)에 대한 답을 통해 결실을 맺었다. **"오직 믿음"**이라는 종교개혁의 교리가 바로 이 질문에 대한 답이다.

"오직 믿음"을 발견한 루터

루터는 바울 사도가 하나님의 감동을 받아 기록한 로마서 1장 17절을 힘써 연구한 결과 **"오직 믿음"**의 원리를 발견했다. 그는 하나님의 기준에 도달할 수 없는 자신의 무능력함에 크게 실망하며, 그분에 대해 불만을 느끼면서 이 구절에 다시 관심을 집중했다. 마침내 영적 체험을 통해 그의 생각과 마음이 극적으로 변화되었고, 이 구절과 하나님을 바라보는 그의 관점이 크게 달라지는 역사가 일어났다. 그는 나중에 당시의 일을 다음과 같이 묘사했다.

> 나는 큰 열정에 사로잡혀 로마서를 기록한 바울을 이해하려고 노력했다. 나를 고민하게 만든 문제는 냉랭한 마음이 아니라 로마서 1장(17절)에 있는 "하나님의 의가 나타나서"라는 한마디였다. 왜냐하면 "하나님의 의"라는 말이 싫었기 때문이다. 학자들이 그 말을 사용하는 관습과 용법에 따르면, 그 말은 그들이 일컬은 대로 형식적, 또는 능동적인 의라는 철학적 개념으로 이해해야 했다. 그 개념에 의하면 하나님은 의롭기 때문

에 불의한 죄인들을 징벌하셔야 한다.

나는 흠 없는 수도사였지만 하나님 앞에서는 양심의 큰 가책을 느끼는 죄인일 수밖에 없다. 나의 고행과 참회로 하나님께 인정받는 것은 불가능하다. 따라서 나는 죄인을 벌하시는 의로우신 하나님을 사랑하지 않고 미워했다. 비록 신성을 모독하는 수준은 아닐지라도 나는 속으로 크게 불만을 느끼며 하나님께 분노했다.

마침내 나는 하나님의 은혜에 힘입어 밤낮으로 묵상하며 그 말의 전체 문맥, 즉 "하나님의 의가 나타나서 … 기록된 바 오직 의인은 믿음으로 말미암아 살리라"는 말씀에 주의를 집중했다. 그러자 "하나님의 의"란 '믿음으로 의롭게 된 사람이 얻게 되는 의'라는 사실이 이해되기 시작했다. 다시 말해 "오직 의인은 믿음으로 말미암아 살리라"는 말씀대로 복음을 통해 나타난 "하나님의 의"는 '은혜로우신 하나님이 믿음으로 우리를 의롭다 하시는 수동적인 의'를 가리킨다. 그 순간 내가 다시 태어나 열린 문으로 천국에 들어가는 듯한 느낌이 들었다. 성경 전체가 완전히 다른 모습으로 내게 다가왔다. 내가 기억하는 성경말씀들이 머릿속에서 빠르게 스쳐 지나갔다. … 전에는 "하나님의 의"라는 말이 그렇게 싫을 수가 없었지만 이제는 더할 나위 없이 사랑스럽고 은혜롭게 다가왔다. 바울이 기록

한 그 말씀이 내게 진정으로 천국의 문을 열어 주었다.[12]

루터는 자신의 회심을 천국의 문을 발견한 것에 빗대었다. 참으로 훌륭한 비유다.

나는 일평생 야구를 좋아했다. 월드시리즈(미국의 프로야구 메이저리그 전체의 챔피언을 결정하는 경기)를 처음 알게 된 네 살 이후로 나는 특히 뉴욕 양키스(미국 메이저리그 소속의 프로야구 팀)를 사랑했다. 그러나 양키스 경기장에 직접 가 본 것은 중학교 졸업반이 되고 나서였다.

지금도 터널을 지나 밖으로 나와 경기장을 내려다보며 1루 쪽 관중석 사이를 걸어가던 기억이 난다. 돈 매팅리(Don Mattingly)가 1루에서 땅볼을 잡아 처리하고 있었고, 그 왼쪽으로는 본루가 눈에 띄었다. 경기장을 보는 순간 바로 그 자리에 루스(Ruth), 디마지오(DiMaggio), 게릭(Gehrig), 맨틀(Mantle), 베라(Berra)와 같은 위대한 양키스 선수들이 섰을 것이라는 생각이 문득 떠올랐다. 나는 양키스 팬으로 텔레비전에서 많은 경기를 지켜보았지만 양키스 선수들이 실제로 경기를 하던 장소를 직접 보는 것은 전혀 색다른 경험이었다. 그곳을 직접 보는 일은 마치 누군가가 1루 쪽

---

12) Martin Luther, "Preface to the Complete Edition Luther's Latin Writing" (1545), Lull and Russell, eds., *Martin Luther's Basic Theological Writings*, 496-97, LW 34:336-38.

통로의 문을 열어 낙원, 또는 최소한 바깥세상과 단절된 동산으로 인도하는 듯한, 꿈같은 현실이었다.

물론 이와 같은 어린 시절의 경험은 낙원의 문을 발견하고 새롭게 거듭났던 루터의 경험과는 비교조차 되지 않는다. 루터는 **"오직 믿음"**으로 말미암아 은혜로 구원받는다는 진리를 더욱 정교하게 발전시켰고, 그 후로 세상은 이전과 크게 달라졌다.

적용을 위한 다섯 가지 요약

이런 성경적, 역사적 사실을 바탕으로 **"오직 믿음"**의 교리를 오늘의 상황에 적용하면 다음과 같다.

첫째, "오직 믿음"은 한편으로는 행위에 근거한 율법주의를, 다른 한편으로는 값싼 믿음주의(또는 율법폐기론)를 반대한다. 성경은 믿음은 행위가 아니며, 구원은 인간의 행위에서 비롯하지 않는다고 가르친다.

율법주의자들은 '더 많은 믿음'이나 선행을 하나님께서 타락한 인간을 인정하시는 기준으로 삼으려고 시도한다. **"오직 믿음"**은 그런 사람들에게 "그렇지 않다"고 말하며 그리스도의 사역을 가리킨다.

또 값싼 믿음주의자들은 어떻게 살든 올바른 신앙만 고백하면 하나님의 심판을 면할 수 있다고 주장한다. **"오직 믿음"**은 그들에게도 "그렇지 않다"고 말하며 **"오직 믿음"**으로 말미암아 은혜로 얻는 구원은 항상 하나님께 복종하려는 마음과 선행을 독려한다는 성경의 가르침을 일깨워 준다. **"오직 믿음"**은 하나님과 동행하는 신자들이 기쁜 삶과 자유를 누리도록 도와주는 길잡이 역할을 한다.

둘째, "오직 믿음"은 새로운 개념이 아니다. 구약성경은 예수 그리스도 안에서 복음이 나타날 때를 어렴풋이 바라보며 **"오직 믿음"**으로 구원받는다는 진리를 가르쳤다.

신약성경은 그리스도를 통해 온전히 계시된 사실에 근거해 **"오직 믿음"**으로 말미암는 구원을 가르쳤다(골 1:26 참조). 신약성경 이후 교회 안에서 교리가 발전된 과정을 살펴보면 초기 교부들도 **"오직 믿음"**의 원리를 가르쳤던 것을 알 수 있다. 물론 이 원리를 가장 분명하게 가르친 사람들은 종교개혁자들이었다. 특히 루터와 칼빈은 **"오직 믿음"**을 똑같이 강조했다. 그 이후의 복음주의 전통은 **"오직 믿음"**에 대한 그런 이해의 토대 위에 건설되었다.

이런 사실은 **"오직 믿음"**에 관한 신약성경의 가르침이 루터나 칼빈이나 복음주의자들이 굳이 애써 설명하지 않더라도 그 자체

로 명백하다는 것을 보여 준다. 어떤 성경 본문들은 더 이상 분명할 수 없을 만큼 분명하다.[13]

셋째, "오직 믿음"은 지금도 여전히 독특한 개신교의 신념이다. 일부 복음주의자들과 로마 가톨릭 신자들이 **"오직 믿음"** 교리에 대해 유익한 대화를 나누기도 했고,[14] 일부 루터교 신자들과 로마 가톨릭 신자들이 다소 혼란스러운 논의를 교환하기도 했지만,[15] 트렌트 공의회(the Council of Trent)와 『가톨릭교회 교리문답』(the Catechism of the Catholic Church)을 비롯해 로마 가톨릭교회의 공식적인 가르침을 살펴보면 그들과 개신교 신자들 사이에 이해의 간극이 존재한다는 사실이 확연하게 드러난다. 지금도 양측은 여러 가지 용어에 대해 서로 의견을 달리한다. 그중에서도 특히 양측의 의견이 가장 크게 엇갈리는 것은 '오직'이라는 용어다.[16] 로마 가톨릭교회는 성경의 권위와 영감을 인정하지만 성경 외에 전통을 중시한다는 점에서 **"오직 성경"**만을 믿는다고 말하기 어렵다. 또한 그들은 죄인이 그리스도를 통해 믿음으로 말미암

---

13) 톰 슈라이너는 다음의 자료에서 '바울에 대한 새로운 관점'에 대해 논의했다. *Faith Alone: The Doctrine of Justification* (Grand Rapids: Zondervan, 2015), 239-261.
14) "Justification", Timothy George and Thomas G, Guarino, eds., *Evangelicals and Catholics Together at Twenty* (Ada, MI: Brazos, 2015), 24-37.
15) The Lutheran World Federation and the Roman Catholic Church, *Joint Declaration on the Doctrine of Justification* (Grand Rapids: Wm. B. Eerdmans Publishing Co., 2000).
16) 다음의 자료를 참조하라. Michael Horton, "Prologue: What Are We Celebrating?", Matthew Barrett, ed., *Reformation Theology* (Wheaton, IL: Crossway, 2017), 20-34.

아 은혜로 구원받는다고 인정하지만 구원을 얻으려면 인간이 은혜와 협력해야 한다고 주장한다. 그들의 칭의 교리는 믿음과 행위를 밀접하게 연관시킨다. 그뿐 아니라 그리스도의 속죄 사역에 마리아를 비롯한 성인들의 사역과 신자 개인의 성례적 사역을 첨가한다. 그들은 **"오직 그리스도"**, **"오직 은혜"**, **"오직 믿음"**을 믿지 않는다. 로마 가톨릭 신자들은 하나님의 구원사역에 감사하며 그분께 영광을 돌려야 한다고 믿지만 **"오직 하나님께 영광"**은 믿지 않는다. 왜냐하면 구원이 부분적으로 인간의 공로에 의존한다고 생각하기 때문이다.[17] 그와 대조적으로 개신교 신자들은 종교개혁이 지난 지금에도 '오직' 교리를 굳게 믿는다. "그들은 하나의 작은 단어에 깊이 사로잡혀 있다."[18]

넷째, "오직 믿음"은 겸손을 독려한다. 나는 학생들에게 겸손이 영적 성장의 가장 중요한 측면 가운데 하나라고 강조하곤 한다. 믿음의 교리는 겸손을 독려한다. 왜냐하면 구원이 아무도 자랑할 수 없는 하나님의 선물이라는 사실을 일깨워 주기 때문이다(엡 2:9). 휘튼 대학(Wheaton College)의 '잉클링스 자료실'(the Inklings Collection, '잉클링스'는 1930년대 초부터 약 20년 동안 영국 옥스퍼드대학교

---

17) Ibid., 21.
18) 로마 가톨릭교회와 개신교의 관계를 논의한 내용을 좀 더 살펴보려면 다음의 자료를 참조하라. R. C. Sproul, *Are We Together? A Protestant Analyzes Roman Catholicism* (Orlando: Reformation Trust, 2012).

에서 매주 비공식적으로 모여 문학을 토론했던 그룹의 참여자들을 가리킨다. 이 자료실에는 그들의 작품과 관련 자료들이 소장되어 있다-역주) 관리자였던 클라이드 킬비(Clyde Kilby)는 "다른 사람들을 시기해 나의 독특한 가치를 떨어뜨리지 않겠다. 내가 어떤 심리적 범주나 사회적 범주에 속하는지 알기 위해 나에게만 관심을 집중하지 않겠다. 나 자신은 잊고 일에만 전념하겠다"고 결심했다.[19] **"오직 믿음"**으로 구원받는다는 교리는 신자에게 자아만 바라보지 말고, 그리스도와 다른 사람들을 바라보라고 가르친다.[20]

다섯째, "오직 믿음"은 복음 전도와 그리스도의 지상명령을 촉진한다. 우리는 **"오직 그리스도"** 안에서 **"오직 믿음"**으로 구원의 은혜를 받아 하나님 앞에서 의롭게 되었고, 삶이 변화되었다. 세상에 있는 다른 모든 사람도 우리처럼 구원받아야 한다. 복음의 좋은 소식을 전하는 일은 매우 간단하지만 우리는 그 일을 복잡하게 생각할 때가 많다. 하나님이 우리의 삶 속에서 어떤 사람들을 만나게 하셨다면 분명한 목적이 있기 때문이다. 그들

---

19) Clyde Kilby, "Eleven Resolutions to Guide Life", *The Arts and the Christian Imagination* (Brewster, MA: Paraclete Press, 2016), xvi.
20) Jonathan Leeman, "A Traditional Protestant Formulation of *Sola Fide* as the Source of Political Unity", *JBTS* 2.1 (2017): 30. 리먼은 "'오직 믿음'은 우리의 전적 무능력을 깨우쳐 자아를 보좌에 앉히기 위해 우리의 의를 주장하는 태도를 버리게 만든다. 자아가 깨져 깊은 회회를 느끼면 값없는 의의 선물을 구하고, 다시금 하나님께 보좌를 내드리며, 전에는 원수였지만 지금은 동료가 된 사람들을 기꺼이 받아들이게 된다."라고 말했다.

이 구원받으려면 하나님의 의가 필요하다. 우리의 삶이 변화되었다면 다른 사람들에게 그 사실을 전해야 한다. 직장에 갈 때나 세계를 여행할 때나 기회가 되는 대로 사람들에게 복음을 전하고, 그들을 제자로 삼아야 한다. 그리스도의 보혈은 우리에게 효력이 있었던 것처럼 아무리 사악한 죄인도 믿기만 하면 깨끗하게 씻어 줄 수 있다.

놀라운 신비

하나님께서 어떻게 우리에게 믿음을 주어 구원을 베푸시는지는 여전히 신비에 가려져 있다. 언젠가 때가 되면 모든 신비가 환하게 드러날 것이다.

앞에서 말한 대로 루이스의 『은의자』에 보면 질이 아슬란을 처음 만나 그의 입김을 타고 나니아로 날아갔다는 이야기가 나온다. 아슬란은 자기가 질과 유스터스를 나니아로 불렀다고 설명했다. 그 말을 들은 질은 아무도 자기들을 부르지 않았고, 오히려 자기들이 그곳에 가고 싶다고 말했다고 대꾸했다. 그러자 아슬란은 온화한 말투로 "내가 너희를 부르지 않았다면 너희가 나를 부르지 않았을 것이다."라고 말했다. 아슬란은 그들을 부르고 난 뒤에 선한 임무를 부여했고, 자신의 입김을 타고 니느웨로 가라고 명령했다.

하나님은 우리를 부르시고, 믿음을 주신다. 믿음은 그리스도 안에서 하나님의 의를 우리에게 실어 나르는 수단이자 우리를 구원으로 연결하는 다리다. 우리는 **"오직 믿음"**으로 구원받아 새롭게 되었고, 선한 일로 하나님을 영화롭게 하라는 임무를 수행한다.

4

오직 그리스도로!

Sola Scriptura
Sola Gratia
Sola Fide
Solus Christus
Soli Deo Gloria

매튜 바렛

Matthew Barrett

Solus Christus

19세기 말 '런던타임스'(London Times)에 찬송가 작사가 어거스터스 톱레이디(Augustus Toplady, 1740-1778)에 관한 기사가 실렸다.

기사에 따르면 톱레이디는 여행을 하는 도중에 (잉글랜드) 버링턴 쿰(Burrington Coombe)에서 사나운 폭풍우를 만났다. … 바위 협곡이 있는 그곳에는 거대한 석회암 기둥 두 개가 서 있었다. 그는 그 사이로 몸을 피했고, '만세반석 열리니'라는 찬송가를 작시했다."[1]

만세반석 열리니 내가 들어갑니다.
창에 허리 상하여 물과 피를 흘린 것
내게 효험되어서 정결하게 하소서.

내가 공을 세우나 은혜 갚지 못하네.
쉼이 없이 힘쓰고 눈물 근심 많으나
구속 못할 죄인을 예수 홀로 속하네.

---

1) 다음의 자료에서 인용했다. Douglas Bond, *Augustus Toplady* (Darlington, England: EP Books), 94. 새찬송가 494장.

빈손 들고 앞에 가 십자가를 붙드네.
의가 없는 자라도 도와주심 바라고
생명샘에 나가니 나를 씻어 주소서.

살아생전 숨 쉬고 죽어 세상 떠나서
거룩하신 주 앞에 끝날 심판 당할 때
만세반석 열리니 내가 들어갑니다.

대다수 사람은 '런던타임스'의 이야기를 사실로 믿지 않는다. 그럼에도 불구하고 톱레이디의 찬송가는 종교개혁의 핵심을 생생하게 묘사한다. 그 핵심은 무엇인가? 그것은 **"오직 그리스도로!"** 라는 종교개혁의 교리에 잘 요약되어 있다.

우리의 손에는 죄밖에 없고, 벌거벗은 채로 하나님의 보좌 앞에 서야 할 운명이지만, 감사하게도 구원자이신 주님의 보혈로 깨끗하게 씻고, 그분의 의의 옷을 입을 수 있게 되었다. 그리스도를 믿는 신자는 심지어 죽음을 앞둔 상태에서도 만세반석이신 그리스도의 품 안에서 안전하다는 확신을 가질 수 있다.

톱레이디와 관련된 폭풍우 이야기는 사실이 아닐 수도 있지만 그보다 200년 앞서 폭풍우를 만났던 인물이 또 한 사람 있었다. 그는 바로 마르틴 루터라는 젊은 독일인이다.

젊은 루터는 톱레이디와 달리 아직 **"오직 그리스도"**를 발견하지 못한 상태였기 때문에 죽음의 위협에 깜짝 놀라며 크게 불안해하지 않을 수 없었다. 그는 모든 번개가 하나님의 진노를 나타내는 것이라고 믿었고, 어느 순간에 마귀가 자신의 영혼을 취할지 모른다고 두려워했다. 겁에 질린 그는 자신의 영혼을 구하기 위해 큰 소리로 수도사가 되겠다고 서원했다.[2]

하나님께서 두려움에 떨던 그를 세상을 변화시키고, 교회에 복음을 회복시켜 줄 도구로 사용하실 것이라고 예상한 사람은 아무도 없었다. 루터는 그 후 오랫동안 공로를 세워 하나님의 인정을 받으려고 노력했고(그 과정에서 그는 극심한 좌절에 부딪혔다), 마침내 혁명적인 한 가지 사실, 곧 자신이 구하는 의는 자기 안에서 발견할 수 없고, 믿는 자에게 선물로 주어지는 그리스도의 의를 통해서만 의롭게 될 수 있다는 진리를 발견했다.

결국 루터가 두려워하고 미워했던 하나님의 의는 그의 가장 큰 위로로 바뀌었다. **"오직 그리스도"**를 믿는 믿음은 루터의 무거운 양심을 가볍게 해 주었다. 루터는 존 번연(John Bunyan)의 『천로역정』(Pilgrim's Progress)에 나오는 '크리스천'(Christian)이 마침내 등짐에서 자유롭게 된 것과 같았다. 자유로워진 루터는 생명의 위

---

[2] 이 이야기를 좀 더 자세히 알고 싶으면 다음의 자료를 참조하라. Roland H. Bainton, *Here I Stand: A Life of Martin Luther* (Peabody, MA: Hendrickson, 1950; 2012), 14-15.

험을 무릅쓰고 이 좋은 소식을 다른 사람들에게 전했다.[3]

로마 가톨릭교회의 바빌론 유수

오늘날 우리는 마르틴 루터나 존 칼빈과 같은 16세기의 거장들을 "종교개혁자"로 일컫는다. 그러나 루터와 칼빈이 젊었을 때는 아직 개혁자가 아니었다는 사실을 기억해야 할 필요가 있다. 그들은 구원에 관한 로마 가톨릭교회의 가르침을 사실로 믿고 자랐다. 루터가 16세기 초에 성년이 되었다는 것은 그가 중세 말에 살면서 구원에 관한 중세 시대의 생각에 깊이 물들어 있던 중세 사람이었다는 것을 의미한다. 그렇다면 젊은 마르틴 루터와 존 칼빈은 과연 어떤 신학 사상에 물들어 있었을까?[4]

당시의 신학은 인간의 본성에서 시작해 하나님의 은혜를 구하는 방향으로 나가야 한다고 가르쳤다. 창세기 3장의 타락으

---

[3] "오직 그리스도"에 대한 루터의 깊은 깨달음에 대해 좀 더 자세히 알고 싶으면 다음의 자료를 참조하라. Martin Luther, *Lectures on Galatians, 1535, Luther's Works*, American Edition 55 vols, eds., Jaroslav Pelikan and Helmut T. Lehmann (Philadelphia: Muehlenberg and Fortress, and St. Louis: Concordia, 1955-1986), vol. 26.

[4] 이 질문에 대해 좀 더 자세히 살펴보려면 다음의 자료를 참조하라. Matthew Barrett, "Can This Bird Fly? Repositioning the Genesis of the Reformation on Martin Luther's Early Polemic against Gabriel Biel's Covenantal, Voluntarist Doctrine of Justification", *The Southern Baptist Journal of Theology* 21, no. 4 (2017): 61-102.

로 인해 인간의 본성이 왜곡되었지만 은혜와 협력할 수 없을 만큼 완전히 무력해지지는 않았다는 것이 그 핵심이었다. 이 협력은 이른바 '신인협력설'로 일컬어졌다. 여기에는 아담 이후의 인류는 죄의 결과에 영향을 받아 아담이 소유했던 '원의'(原義)를 잃었지만 본성이 완전히 훼손되지는 않았기 때문에 행위의 공로를 세울 수도 있고, 또 은혜를 거부하거나 받아들여 협력할 수도 있는 능력을 지니고 있다는 의미가 담겨 있다.

그렇다면 하나님은 어떤 은혜를 베푸시는 것일까? 이 견해에 따르면 그것은 다름 아닌 인간의 본성에 주입되는 은혜다. 은혜가 주입된 인간의 본성은 본질적인 변화를 거쳐 마침내 하나님께 도달하여 거룩하고 신성한 상태가 된다. 따라서 하나님 앞에서 의롭게 되는 것은 칭의가 선언되는 것과 동시에 즉시 그리스도 안에서 새로운 지위를 획득하는 것과는 다르다. 오히려 그것은 본성에 주입된 은혜를 통해 본질적으로 의롭게 되는 과정을 가리킨다. 인간이 죄사함을 받고, 영생을 얻기 위해 공로를 세우려면 그런 은혜의 주입이 반드시 필요하다.

그렇다면 그런 은혜는 어디에서 받는 것일까? 교회, 즉 오직 로마 가톨릭교회에서만 받을 수 있다. 그리스도께서 하늘에 오르셨기 때문에 땅 위에서는 교회가 그리스도가 되어 우리의 본성을 의롭게 변화시켜 하나님께 도달할 수 있게 해 준다. 교회는 하나님에 의해 주입된 은혜를 전달하는 중보자로 세우심을 받았다. 로마 가톨릭교회 밖에는 구원도 없고, 주입된 은혜도 없다. 그리스도께서는 유일한 구원자이시고, 교회는 그분이 주시는 은혜를 전달하는 중보자다. 구원은 "**오직 그리스도**"의 사역에만 근거하지 않는다. 그리스도께서는 교회 안에 계시고(Christus in Ecclesia), 교회는 그리스도 안에 있다(Ecclesia in Christus).[5] 단순히 그리스도를 믿는 것만으로는 충분하지 않다.

그렇다면 어떻게 교회로부터 은혜를 받는 것일까? 성례를 통해서 받는다.[6] '성례'(sacrament)는 라틴어 '사크라멘툼'(sacramentum)에서 유래했다. 이 말은 어떤 것을 거룩히 구별하는 것을 뜻한다. 로마 가톨릭교회는 성례를 신자들에게 은혜를 전달하는 통로로 이해했다. 세 가지 성례(세례, 성찬, 고해)가 특별히 중시되었다. 이를 하나씩 살펴보면 다음과 같다.

로마 가톨릭교회는 세례를 효력을 일으키는, 되풀이될 수 없는 성례로 간주했다. 세례는 원죄를 씻어 타락한 아담으로부터 물려받은 죄책(culpa)과 형벌(poena)을 제거한다. 세례의 물은 세

---

5) *Catechism of the Catholic Church* (New York: Doubleday, 1995), section 1584. 다음의 자료를 참조하라. Stephen Wellum, *Christ Alone: The Uniqueness of Jesus as Savior* (Grand Rapids: Zondervan, 2017), 262.
6) 로마 가톨릭교회에는 일곱 가지 성례(세례성사, 성체성사, 고해성사, 견진성사, 혼인성사, 신품성사, 병자, 혹은 종부성사)가 있다.

례를 받은 후에 곧바로 죽더라도 연옥을 거치지 않고 곧장 천국에 갈 수 있다고 믿는 사람들이 있을 정도로 강력한 효력을 지닌 것으로 여겨졌다. 세례는 죄인을 죄의 상태에서 은혜의 상태로 바꾸어 놓는다. 모든 사람이 세례를 받은 후에도 죄를 짓기 때문에 하나님께 죄를 지었을 때는 고해성사를 통해 속죄해야 한다. 고해성사에 대해서는 잠시 후 좀 더 자세히 살펴볼 것이다.

은혜의 또 다른 통로는 성찬이다. 미사의 중심은 예배당 앞에 있는 제단(떡과 포도주가 놓인 제단)이다. 예전(禮典)을 읽는 순간, 떡과 포도주가 겉모양은 그대로일지라도(중세 교회는 이를 '우연적 속성'으로 일컬었다) 실제로는 예수님의 살과 피로 바뀐다. 거룩한 축사를 하는 순간에 본질의 변화가 일어난다. 루터 당시에 로마 가톨릭교회는 여러 가지 이유에서 일반 신자들에게는 포도주를 주지 않았다. 그 이유 중 하나는 포도주를 쏟아 주님의 피를 더럽힐 것을 두려워했기 때문이다.[7]

성찬을 포함한 일곱 가지 성례는 사제가 거룩하든 아니든, 참여자가 믿음이 있든 없든 상관없이 자동으로 은혜를 전달한다. 로마 가톨릭교회는 '사효적'(ex opere operato)이라는 라틴어로 이런 신념을 나타냈다. 성찬도 세례처럼 효력을 발생한다. 참여자가

---

[7] 이 점에 대한 루터의 견해를 좀 더 자세히 살펴보려면 다음의 자료를 참조하라. Martin Luther, *The Babylonian Captivity of the Church, 1520, LW* 36:3-126.

고의로 성찬을 거부하지 않는 이상, 성찬의 요소들을 먹는 순간 은혜가 전달된다. 미사의 거행은 그만큼 강력한 힘을 지닌 것으로 여겨졌다.[8] 종교개혁자들은 믿음이 있어야 한다고 말했지만 종교개혁에 대한 로마 가톨릭교회의 공식 입장을 표명한 트렌트 공의회는 "성례가 '오직 믿음'을 독려하기 위해 제정되었다"고 믿지 않았다.

로마 가톨릭교회는 성례는 "그것이 나타내는 은혜를 실제로 포함하고 있기 때문에" 고의로 거부하지만 않으면 "실제로 은혜를 전달한다"고 믿었다. 트렌트 공의회는 "성례는 … 사효적 은혜를 전달하지 못하고, 오직 하나님의 약속을 믿는 믿음만으로 은혜를 얻기에 충분하다고 말하는 사람은 파문하라"고 종교개혁자들을 단죄했다.[9] 이것이 로마 가톨릭교회와 종교개혁자들을 가르는 경계점이다. 종교개혁자들은 필요한 것은 **"오직 믿음"**뿐이라고 생각했다. 그들은 믿음은 성자의 복음 안에 나타난 성부의 약속을 믿을 수 있게 해 주는 성령의 선물이며, 그 약속은 성찬을 통해 가시적으로 확증되고, 상징되고, 보증된다고 믿

---

[8] 로마 가톨릭교회의 '사효론'에 대해 좀 더 자세히 알고 싶으면 다음의 자료를 참조하라. Richard A. Muller, *Dictionary of Latin and Greek Theological Terms*, 2nd ed. (Grand Rapids: Baker Academic, 2017), 113.

[9] 트렌트 공의회 일곱 번째 회기(1547년)에서 선언된 내용이다. 다음의 자료를 참조하라. Jaroslav Pelikan and Valerie R. Hotchkiss, eds., *Creeds & Confessions of Faith in the Christian Tradition* (New Haven, CT: Yale University Press, 2003), 2:836-37.

었다.[10] 그와 달리 로마 가톨릭교회는 그리스도의 구원사역을 믿는 믿음만으로는 충분하지 않다고 생각했다. 그들은 성찬을 통해 은혜를 전달받아야 하며, 그런 효력은 오직 사제가 미사를 집전할 때만 나타난다고 믿었다. 간단히 말해 사제의 미사 거행은 단순한 기념 의식이 아닌 그 자체로 선한 행위였다.[11]

중세 말의 보통 사람들의 삶 속에 깊이 스며들었던 고해성사도 마찬가지였다. 앞서 말한 대로 세례를 받은 이후에 지은 죄는 성찬과 같은 수단을 통해 교회로부터 주입된 은혜를 받는 것이 그토록 중요했던 이유를 잘 설명해 준다. 세례는 되풀이될 수 없었기 때문에 고해성사가 해결책이었다. 왜냐하면 고해성사는 세례와 달리 되풀이될 수 있었기 때문이다. 그러나 고해성사는 세례만큼 강력하지는 않다. 세례는 죄책을 제거함으로써 영원한 형벌을 일시적인 형벌로 감하는 효력을 발휘한다.[12] 일시적인 형벌은 고해성사를 통해 처리되어야 한다.

그렇다면 고해성사는 어떤 과정을 거쳐 이루어질까?

---

10) "미사는 하나님에 의해 우리에게 주어지는 죄사함의 약속이다. 그 약속은 하나님의 아들의 죽음을 통해 확증되었다." Luther, *Babylonian Captivity, LW* 36:38.
11) Luther, *Babylonian Captivity, LW* 36:46-47. 좀 더 자세한 설명을 원한다면 다음의 자료를 참조하라. Alister E. McGrath, *Reformation Thought*, 4th ed. (Oxford: Wiley-Blackwell, 2012), 164.
12) Timothy J. Wengert, *Martin Luther's 95 Theses* (Minneapolis: Fortress Press, 2015), xvi.

1) 회개 – 죄인은 진정으로 죄를 슬피 뉘우쳐야 한다. 즉 죄를 회개해야 한다.
2) 고백과 사면 – 죄인이 사제에게 죄를 고백하면 사제는 죄책을 사면한다.
3) 보속 – 사제가 일시적인 형벌을 면할 수 있는 보속 행위(금식, 구제 연보, 기도, 순례, 미사, 면죄부 등)를 정해 준다.

그렇다면 죄인이 일시적인 형벌을 면하기 위한 보속 행위를 완수하지 못하고 세상을 떠난 경우에는 어떻게 될까? 성모 마리아를 비롯한 성인들을 제외하면 거의 모든 사람이 그런 상태로 세상을 떠난다. 따라서 정화의 장소(연옥)에서 보속이 완전하게 이루어져 천국에 들어갈 수 있을 만큼 충분히 정화되고 의롭게 될 때까지 고난을 받는 것이 필요하다.

"동전이 헌금함에 소리를 내며 떨어지는 순간, 영혼이 연옥에서 벗어난다."

그러나 루터 당시에는 매우 손쉬운 보속 행위가 크게 남용되기 시작했다. 교황이 연옥에서 지내는 기간을 단축해 준다는 면죄부를 발행했다. 면죄부가 많은 보속 행위를 완수해야 할 책임을 감해 준다는 것은 참으로 기발한 발상이 아닐 수 없었다.

로마 가톨릭교회의 논리는 이렇다. 그들은 마리아와 성인들의 선행이 너무 많아 공로가 넘친다고 생각했다. 그 선행을 다 합치면 마치 보물 창고와 같은 공로의 보고가 만들어진다(이것은 때로 "교회의 보고"로 불렸다). 루터 당시의 교황은 자신이 그 안에 있는 공로들을 자기 자신이나 세상을 떠난 사랑하는 사람들을 위해 면죄부를 사는 사람들에게 나눠 줄 수 있는 권리와 능력을 지니고 있다고 믿었다.

면죄부의 효력은 모든 형벌을 면하게 해 주는 '전대사'와 부분적으로 면제해 주는 '부분대사'로 나뉜다. 루터 당시의 교황이 발행한 면죄부는 '전대사'의 효력을 지닌 것이었다. 값만 제대로 치르면 일시적인 형벌이 모두 제거될 수 있다는 것이었다. 요하네스 테첼(Johann Tetzel)이라는 수도사가 이곳저곳을 돌아다니면서 교묘한 언변으로 사람들의 죄의식을 자극해 면죄부를 크게 남용하는 일이 벌어졌다. 그는 "죽은 가족과 친구들의 목소리를 들어 보시오. 그들은 '우리를 불쌍히 여겨주오. 우리를 불쌍히 여겨주오. 약간의 헌금만 하면 이 고통에서 우리를 구원할 수 있소. … 우리를 이 불길 속에 그대로 놔둘 셈이요? 우리가 약속된 영광을 누리는 것을 지연시킬 참이요?"라고 말한 뒤 "동전이 헌금함에 소리를 내며 떨어지는 순간, 영혼이 연옥에서 벗어난다"는 기억하기 쉬운 표어와 같은 말을 덧붙였다.[13]

마르틴 루터는 자기가 영적으로 돌보는 사람들 가운데 많은 사람이 면죄부를 사러 달려갔다가 돈으로 천국을 샀다고 믿고 돌아오는 것을 보고 크게 분노했다. 그는 "가엾은 영혼들이 면죄부를 샀기 때문에 구원을 확실하게 보장받았다고 믿고 있습니다. … 존귀하신 대주교여, 주교님에게 위탁된 영혼들이 이런 식으로 죽음에 넘겨지고 있습니다. 이 모든 영혼에 대해 주교님이 막중한 책임을 짊어져야 하고, 그 책임이 날로 더 커지고 있습니다. 따라서 나는 더 이상 이 문제를 좌시할 수가 없습니다." 라고 말했다.[14]

루터는 '95개조 격문'을 작성해 면죄부 판매에 항의했다. 그는 단지 학문적인 토론을 제의하기 위해 격문을 내걸었지만 그것은 독일어로 번역되어 독일은 물론 유럽 전역에 퍼졌다. 그로 인해 종교개혁이 시작되었고, 아무도 예상하지 못했던 신학적인 불길이 들불처럼 번지는 결과를 낳았다.

---

13) John Tetzel, "A Sermon [1517]", Hans J. Hillerbrand, ed., *The Protestant Reformation*, rev. ed. (New York: Harper Perennial, 2009), 19-21. 이런 '대사'에는 수천 개에 달하는 성인들의 유골도 동원되었다. 그들은 공경심을 가지고 그것들을 대하면 연옥에서의 기간이 줄어들 수 있다고 말했다. 성인들 중에는 예수님의 어머니로서 그분의 관심을 누구보다도 쉽게 끌어낼 수 있는 성모 마리아가 으뜸이었다.
14) Luther to Archbishop Albert of Mainz, October 31, 1517, *LW* 48:46.

"오직 그리스도"의 재발견

로마 가톨릭교회의 구원론은 좀 복잡하지만, 종교개혁자들과의 논쟁은 '오직'이라는 한 단어로 간단히 압축된다. 로마 가톨릭교회도 구원은 그리스도의 사역에 근거한다고 믿었지만, 오직 그분의 사역에만 근거한다고 말하지는 않았다. 언뜻 생각하면 **"오직 그리스도"**의 '오직'은 매우 사소한 차이에 지나지 않는 것처럼 보이지만 종교개혁자들에게는 그 차이가 그야말로 엄청난 변화를 가져오는 것이었다. 복음의 성패가 그 한 마디에 달려 있었다.

종교개혁자들은 여러 가지 방법으로 **"오직 그리스도"**의 교리를 발견했다. 첫째, 그들은 라틴어가 아닌 헬라어로 된 신약성경을 번역하면서 성경 본문을 깊이 연구했다. 그들은 바울이 말하는 칭의가 내면에서 이루어지는 도덕적인 갱생을 통해 본성적으로 의롭게 되는 과정을 가리키지 않는다는 사실을 발견했다. 칭의는 법적인 문제다. 죄인이 죄책에서 벗어나 의롭게 되는 것은 하나님의 은혜로운 법정적인 선언에 의한 것이다.

둘째, 이 새로운 법적 지위는 신자의 행위와 상관없이 전적으로 그리스도께서 우리를 위해 이루신 사역에 근거한다. 그리스도께서는 우리의 죗값을 십자가에서 온전히 치르셨을 뿐 아니라 완전한 복종의 삶을 사셨다. 따라서 그리스도를 믿으면 우리의 죄를 온전히 용서받고, 그분의 흠 없는 의가 우리에게 전가된다. 은혜의 주입이 필요하다는 로마 가톨릭교회의 가르침은 성경적인 근거가 전혀 없다. 죄인에게 필요한 것은 주입이 아닌 전가다.

셋째, 종교개혁자들이 성경적인 칭의의 교리를 재발견하자 로마 가톨릭교회의 가르침이 모두 의문시되기 시작했다. 일시적인 형벌을 모면하기 위해 보속 행위를 할 필요가 없다. 왜냐하면 그리스도께서 십자가에서 죗값을 온전히 치르셨기 때문이다. 면죄부를 사거나 성인들의 공로를 받기 위해 돈을 마련할 필요도 없다. 왜냐하면 그리스도께서 죄인을 대신하여 율법에 복종하셨고, 자신의 완전한 의를 값없이 죄인에게 베푸셨기 때문이다. 사제에게 가서 사면을 구할 필요도 없다. 왜냐하면 그리스도께서 우리의 대제사장이 되시기 때문이다. "만일 누가 죄를 범하여도 아버지 앞에서 우리에게 대언자가 있으니 곧 의로우신 예수 그리스도시라"(요일 2:1).[15]

---

15) 다음의 자료를 참조하라. John Calvin, *Institutes of the Christian Religion*, ed. John T. McNeill, trans. Ford Lewis Battles (Philadelphia: Westminster John Knox Press, 1960), 3.4.26. Ulrich Zwingli's "The Thirty-Seven Articles (1523), 17조항과 20조항, James T. Dennison Jr., ed., *Reformed Confessions of the 16th and 17th Centuries in English Translation* (Grand Rapids: Reformation Heritage Books, 2008), 1:4.

또한 칼빈이 지적한 대로 "그리스도를 새롭게 희생시키는" 미사에 집착할 필요도 없다. 왜냐하면 그리스도의 희생은 "되풀이 될 수 없기" 때문이다. 그분의 희생은 우리의 죗값을 단번에 치렀다.[16] 따라서 종교개혁자들은 처형의 위협에도 불구하고 **"오직 그리스도"**를 통해 **"오직 믿음"**으로 말미암아 **"오직 은혜"**로 구원받는다고 담대하게 주장했다.

하나님께서 인간이 되신 이유

"오직 그리스도"는 성경에서 발견되는 '오직' 교리 가운데 하나인가? 그렇다. 이 교리를 옳게 이해하려면 인간의 본성을 로마가톨릭교회와 크게 다른 관점에서 바라보는 것이 필요하다.

인간의 철저한 부패는 가장 중요한 성경의 근본 교리 가운데 하나다. 그것은 아담에서부터 그리스도까지 성경의 전체적인 이야기를 지탱하는 틀이자 복음서가 증언하는 구원자에 관한 좋은 소식의 핵심 진리 가운데 하나다. 그러나 현대인은 그것을 잘 이해하지 못한다. 그 이유는 우리가 성경이 말씀하는 것만큼

---

16) Calvin, *Institutes* 2.15.6(4.18.1-3 참조). 다음의 자료도 함께 참조하라. Luther, *Babylonian Captivity*, LW 36:50-51.

사악하지 않다고 생각하기 때문이다. 우리는 우리 자신이 종종 '실수'를 저지르지만 다른 사람들만큼 악하지는 않다고 믿는다.

바울 사도는 로마서에서 그런 생각이 거짓이라고 밝혔다. 그는 우리가 거짓으로 생각하는 것이 사실이라고 말했다. 우리가 그와 같이 그릇된 생각을 하는 이유는 잘못된 기준을 적용해 우리 자신을 판단하기 때문이다. 우리는 우리보다 더 나쁜 행위를 저지른 사람들을 보고 우리가 그렇게 나쁘지 않다고 자위하며 안심한다. 그러나 우리에 대한 하나님의 관점은 다르다. 그분은 우리를 다른 사람들과 비교하지 않고, 눈을 멀게 할 정도로 밝고 순수한 그분의 거룩한 본성에 비춰 우리의 어두운 마음을 드러내신다. 하나님의 완전한 도덕적 성품에 따라 우리를 살펴보면 우리의 모습은 과연 어떨까? 성경은 이렇게 말씀한다.

의인은 없나니 하나도 없으며 깨닫는 자도 없고 하나님을 찾는 자도 없고 다 치우쳐 함께 무익하게 되고 선을 행하는 자는 없나니 하나도 없도다. 그들의 목구멍은 열린 무덤이요 그 혀로는 속임을 일삼으며 그 입술에는 독사의 독이 있고 그 입에는 저주와 악독이 가득하고 그 발은 피 흘리는 데 빠른지라. 파멸과 고생이 그 길에 있어 평강의 길을 알지 못하였고 그들의 눈앞에 하나님을 두려워함이 없느니라(롬 3:10-18).

이것은 모든 사람에게 예외 없이 적용되는 보편적인 현실이다. 성경의 판결은 철저하다. 인간성의 어떤 부분도 배제되지 않는다. 입, 목구멍, 입술, 발, 눈 등 전인이 타락의 도구다. 인간의 본성은 그처럼 광범위하고도 전적으로 부패했다.

그러나 로마 가톨릭교회의 경우처럼 오늘날에도 내면을 들여다보고 죄의 문제를 해결할 방법을 찾으려고 애쓰는 사람들이 많다. 그들은 '맞아, 그리스도가 필요해. 맞아, 은혜가 필요해. 맞아, 믿음이 필요해. 그러나 내 안에는 여전히 가치 있는 어떤 것, 아무리 미약한 것일지라도 최소한 하나님의 인정을 받을 만한 일을 할 수 있는 무엇인가가 분명히 존재해.'라고 생각한다.

종교개혁자들의 주장이 큰 파문을 일으킨 이유는 심지어 은혜의 도움을 받더라도 하나님의 인정을 받을 만한 공로를 세우거나 그분의 은혜와 협력할 수 있는 것이 우리 안에 전혀 존재하지 않는다고 잘라 말했기 때문이다. 해결책은 우리 자신이 아니라 우리와 상관없이 외부에서 찾아야 한다. 우리는 철저하게 부패했기 때문에 죄의 속박에서 벗어날 수 없다. 우리의 생각과 감정과 의지가 아담의 죄로 모두 오염되었다. 루터가 에라스무스(Erasmus)를 논박하기 위해 저술한 『의지의 속박』(The Bondage of the Will)이라는 책의 제목이 이 모든 사실을 말해 준다. 인간의 의지, 곧 가장 자율적인 것으로 간주되는 인간의 기능조차도 죄와 세상과 마귀에게 속박되어 있다. 루터는 새로운 것을 말하지 않았다. 그는 단지 바울 사도의 말을 되풀이했을 뿐이다. "허물과 죄로 죽었던 너희를 … 그때에 너희는 그 가운데서 행하여 이 세상 풍조를 따르고 공중의 권세 잡은 자를 따랐으니"(엡 2:1-2).

바울이 로마서에서 구원자이신 하나님의 긍휼과 은혜를 전하기 전에 처음 세 장을 인간의 죄책과 정죄함을 다루는 데 할애했다는 사실은 시사하는 바가 매우 크다. 우리의 전적부패와 무가치함과 무능력을 인정해야만 비로소 하나님께서 인간이 되셔야 했던 이유를 이해할 수 있다. 바울은 인간이 거룩하신 재판관 앞에서 큰 죄책을 짊어진 죄인이라는 사실을 설명한 뒤(롬 1:18-3:20) 가장 크고 기쁜 소식을 전했다. 다시 말해 그는 "모든 사람이 죄를 범하였으매 하나님의 영광에 이르지 못하더니"라고 말한 뒤 죄를 지어 단죄된 죄인이 "그리스도 예수 안에 있는 속량으로 말미암아 하나님의 은혜로 값없이 의롭다 하심을 얻은 자 되었느니라. 이 예수를 하나님이 그의 피로써 믿음으로 말미암는 화목제물로 세우셨으니"라고 선언했다(롬 3:23-25). 앞서 말한 대로 구원은 내면에서 찾을 수 없다. 죄의 해결책은 우리 밖에 있다. 바울도 그 점을 똑같이 말했다. 칭의, 곧 죄인인 우리가 의롭다는 하나님의 법적 선언은 우리의 내면에서 비롯하지 않는다. 우리는 공로를 세워 의롭게 될 수 없다. 바울이 말한 대로 우리는 "하나님의 은혜로 값없이 의롭다 하심을 얻는다"(롬 3:24).

여기에서 "하지만 바울 선생, 어떻게 그런 일이 있을 수 있습니까? 우리는 죄인이고 하나님은 거룩하십니다. 그런 분이 우리를 의롭다고 선언하시는 것은 불가능합니다. 그렇게 하는 것은 그분의 의로운 성품과 타협하는 것입니다. 어떻게 온 세상의 재판관이 그렇게 옳지 않은 일을 하실 수가 있습니까?"라고 반론을 제기하는 사람이 있을지 모른다. 다시 말하지만 바울은 우리가 "그리스도 예수 안에 있는 속량으로 말미암아 하나님의 은혜로 값없이 의롭다 하심을 얻는다"고 말했다. 그런 값없는 은혜가 가능한 이유는 하나님의 아들이 우리를 구속하기 위해 사람이 되셨기 때문이다. 바울은 예수님이 우리의 대리자로서 우리를 구원하신다고 말했다. 그리스도께서 우리를 대신해 우리가 받아야 할 하나님의 진노를 친히 감당하셨다. 그분이 우리 죄에 대한 형벌을 온전히 짊어지셨다. 바울은 "화목제물"이라는 특별한 용어를 사용해 우리가 받아야 할 진노를 대신 감당하신 그리스도를 묘사했다. 우리가 값없이 하나님의 은혜로 의롭다 하심을 받을 수 있는 이유는 "하나님이 (그리스도를) 그의 피로써 … 화목제물로 세우셨기" 때문이다(롬 3:25). 바울이 말한 대로 우리는 "믿음으로" 예수님의 피로 산 은혜의 선물을 받는다.

그리스도의 십자가가 없으면 하나님은 죄인을 의롭다 하실 수 없다. 그런 경우에는 하나님이 죄인의 형벌을 철회하는 것은 그분의 의로운 성품과 타협하는 일이라고 생각해도 틀리지 않는다. 그러나 성부께서 성자를 속죄 제물로 삼으셨기 때문에 아무런 문제가 없다. 하나님이 그리스도를 화목제물로 삼으신 이유는 "길이 참으시는 중에 전에 지은 죄를 간과하심으로 자기의 의로우심을 나타내시기" 위해서다(롬 2:25). 하나님은 그리스도께 우리 죄에 대한 형벌을 대신 지우심으로써 "자기도 의로우시며 또한 예수 믿는 자를 의롭다" 하신다(롬 3:26). 십자가에서 의와 긍휼이 같이 만나고, 서로 입을 맞춘다.

위대한 교환

종교개혁의 전통 가운데 로마서 3장에서 발견되는 이런 위대한 진리들을 잘 요약하고 있는 문구가 하나 발견된다. 그것은 '위대한 교환'이라는 문구다. 위대한 교환은 심판날에 하나님 앞에 섰을 때 누가 우리를 대변하는지를 분명하게 보여 주는 개념이다.

바울이 로마서 5장에서 설명한 대로 아담은 우리의 대표자였다. 불행히도 그는 죄를 지었고, 그로 인해 온 인류가 그와 함께 정죄당하기에 이르렀다. 아담의 죄책과 부패한 본성이 그의 후손 모두에게 전가되었다. 이것이 원죄 교리다. 원죄의 결과로 인간의 본성은 의의 성향이 아닌 죄의 성향을 띠게 되었다.

우리는 자연히 기회가 주어진 처음 순간부터 죄의 성향에 따라 행동함으로써 거룩하신 하나님 앞에서 우리의 죄책을 더욱 증대시킨다. 우리는 하나님의 율법을 어길 뿐 아니라 그분의 완전한 의가 요구하는 대로 그것을 온전히 지킬 능력이 없다. 우리는 헤어날 수 없는 곤경에 처한 상태다.

그러나 아담이 실패한 곳에서 승리하신 구원자 안에서 복음의 좋은 소식이 발견된다. 그리스도께서도 우리의 첫 조상 아담처럼 우리의 대표자가 되신다. 그러나 둘째(또는 마지막) 아담이신 그분은 마귀의 유혹에 넘어가지 않으셨다. 그리스도의 사명은 두 가지다. 먼저 그분은 죽기 위해 태어나셨다. 예수님은 복음서에서 자신의 목숨을 내주겠다는 의도를 여러 번 내비치셨다(막 10:45 참조). 왜 그러셨을까? 그 이유는 그분이 율법을 어긴 죄에 대한 형벌을 대신 짊어지셔야만 우리가 죄사함을 받을 수 있기 때문이다. 그리스도께서는 하나님의 진노의 잔을 남김없이 들이키신 후 "다 이루었다"고 말씀하셨다(막 14:36; 요 19:30 참조).

그러나 이 복음은 또 하나의 진리를 내포하고 있다. 그것은 바로 '위대한 교환'이다. 오늘날 이 점을 인식하지 못하는 사람이 많다. 죄사함은 반드시 필요하지만 그것만으로는 충분하지 않다. 죗값이 치러졌지만 우리는 여전히 벌거벗은 채로 하나님 앞에 서 있다. 죄책의 옷은 제거되었지만 의로우신 하나님 앞에서 우리를 가려 줄 의의 옷이 필요하다. 이것이 우리 주님이 복종의 삶을 사신 이유다. 그리스도께서 의로운 삶을 사신 이유가 궁금했다면, 곧 십자가는 이해하겠는데 그분의 삶 전체가 필요한 이유는 잘 모르겠다면 여기에 그 대답이 있다. 아담이 실패한 곳에서 그리스도께서 완전한 삶을 사시는 것이 필요했던 이유는 그분의 의로우신 복종이 우리의 것으로 간주되게 하기 위해서였다. 우리는 율법을 어겼을 뿐 아니라 그것을 온전히 지키지 못했다. 그러나 그리스도께서는 사역하는 동안 한 번도 머뭇거리는 일이 없으셨고, 성부 하나님에 대한 복종을 주저하신 적이 없었다. 그분은 하나님의 흠 없는 어린 양으로서 십자가를 짊어지셨다. 그로 인해 그리스도를 믿는 사람들은 죄를 용서받을 뿐 아니라 의롭다 하심을 얻게 되었다.

그러나 이 칭의의 의는 우리의 것이 아니다. 그것은 외부로부터 주어진 의다. 루터가 말한 대로 그 의는 "우리 밖에"(extra nos) 있다. 이 의는 그리스도께서 우리에게 주신 선물이다. 이 의는 그분의 것이다. 이런 사실은 바울이 "하나님이 죄를 알지도 못하신 이를 우리를 대신하여 죄로 삼으신 것은 우리로 하여금 그 안에서 하나님의 의가 되게 하려 하심이라"(고후 5:21)고 말한 이유를 설명해 준다. 바울은 "내가 가진 의는 율법에서 난 것이 아니요 오직 그리스도를 믿음으로 말미암은 것이니 곧 믿음으로 하나님께로부터 난 의라"(빌 3:9)고 자랑했다. 그런 의가 우리에게 주어졌다는 것은 우리가 그리스도의 의의 옷을 입었기 때문에 더 이상 벌거벗은 채로 하나님의 보좌 앞에 서지 않을 것을 의미한다. 하나님은 우리를 바라볼 때 자기 아들의 완전한 의를 보시기 때문에 온 세상 앞에서 우리가 죄인이 아니고, 자기 아들 안에서 의롭게 되었다고 선언하신다.

모든 희생 제사를 종결지은 희생 제사

지금까지 하나님의 아들이 인간이 되시는 것이 필요했던 이유를 살펴보았다. 그러나 여전히 '그리스도의 사역으로 충분한가? 그것만으로 완벽한가? 아니면 로마 가톨릭교회처럼 우리 안에서나 교회로부터 비롯하는 다른 무엇을 더해 그리스도의 구원사역을 보완하거나 완결지어야 하는가?'라는 의문이 남는다.

히브리서 저자는 이 문제에 분명한 대답을 제시한다. 그는 구약성경으로 거슬러 올라가서 모세의 율법 아래에서 사는 삶이

어떠했는지를 보여 준다. 대제사장은 속죄일이 되면 1년에 단 한 번 지성소에 들어가서 백성들을 위해 중보기도를 드렸다(히 9:7-8). 그러나 그는 거룩하신 하나님 앞에 무작정 나가지 않았다. 백성들의 죄를 속량하기 위한 희생 제물의 피와 대제사장 자신의 죄를 씻어 줄 피가 필요했다. 심지어 (이스라엘 백성 중에서 가장 거룩한 사람이었을) 대제사장조차도 속죄의 피 없이는 하나님 앞에 나아갈 수 없었다.

왜 그런 피의 속죄가 그토록 필요했을까? 그 이유는 "피 흘림이 없은즉 사함이 없기" 때문이다(히 9:22). 피의 희생이 없으면 거룩하신 하나님의 진노가 율법을 어긴 자들과 우상 숭배자들과 불순종하는 자들에게 고스란히 임하게 된다.

사실 문제는 우리가 생각하는 것보다 더 심각하다. 히브리서는 피의 희생이 필요할 뿐 아니라 그 효력이 계속 유지되지 않는다고 말씀한다. 희생 제사는 수없이 되풀이되어야 했다. 대제사장은 하나님 앞에 나아가기 위해 매년 더 많은 피를 바쳐야 했다. 이스라엘 백성은 그런 희생 제사를 통해 언약 백성으로서의 명맥을 이어 나갔지만 그것만으로는 충분하지 못했다.

히브리서 저자는 "해마다 늘 드리는 같은 제사로는 나아오는 자들을 언제나 온전하게 할 수 없느니라"고 했다. 만일 그렇게 될 수 있다면 "제사 드리는 일을" 그칠 수 있었을 것이다(히 10:1-

2). 그는 그렇게 말한 뒤 "그러나 이 제사들에는 해마다 죄를 기억하게 하는 것이 있나니 이는 황소와 염소의 피가 능히 죄를 없이 하지 못함이라"(히 10:3-4)고 덧붙였다.

그렇다면 과연 무엇이 끝없이 되풀이되는 피의 희생을 중단시킬 수 있을까? 좀 더 정확하게 물으면, 과연 누가 그것을 종결지을 수 있을까?

오직 그리스도이신 예수님밖에 없다. 하나님의 아들이 성육신을 통해 참하나님이자 참인간이 되셨다. 그분이 우리의 대제사장이 되어 지성소에 들어가셨다. 놀라운 사실은 그분이 그곳에 들어가실 때 친히 자신의 피를 흘리셨다는 것이다. 그분에게는 황소나 염소의 피가 필요하지 않았다. 그분은 자신의 목숨을 속죄의 희생 제물로 바치셨다. 그분이 그렇게 할 수 있는 자격이 있는 이유는 스스로의 죄를 씻기 위해 희생 제사가 필요했던 과거의 대제사장들과 달리 죄가 없는 대제사장이셨기 때문이다.

그리스도의 희생이 독특한 이유는 이전의 희생 제사들과 달리 두 번 다시 되풀이되지 않기 때문이다. 신성과 인성을 지니신 그분의 피는 우리의 죄를 단번에 속량하기에 충분했다. 오직 하나님의 영원하신 아들만이 거룩하신 하나님을 거역한 죄, 곧 지옥에서 영원히 형벌을 받아 마땅한 죄를 속량할 수 있다. 그리스도의 인성은 타락한 인류를 대표하고, 그분의 신성은 무한한 고통을 받아 마땅한 죄인들을 능히 구원할 수 있다. 히브리서 저자는 "그리스도께서는 장래 좋은 일의 대제사장으로 오사 … 염소와 송아지의 피로 하지 아니하고 오직 자기의 피로 영원한 속죄를 이루사 단번에 성소에 들어가셨느니라"(히 9:11-12)라고 말했다. 또한 그는 "이로 말미암아 그는 새 언약의 중보자시니 이는 첫 언약 때에 범한 죄에서 속량하려고 죽으사 부르심을 입은 자로 하여금 영원한 기업의 약속을 얻게 하려 하심이라"(히 9:15)고 결론지었다. 그리스도께서 희생을 반복하실 필요가 없는 이유가 "대제사장이 해마다 다른 것의 피로써 성소에 들어가는 것 같이 자주 자기를 드리려고 아니하실지니 그리하면 그가 세상을 창조한 때부터 자주 고난을 받았어야 할 것이로되 이제 자기를 단번에 제물로 드려 죄를 없이 하시려고 세상 끝에 나타나셨느니라"(히 9:25-26)라는 말씀 안에 분명하게 드러나 있다.

히브리서 저자가 말하려는 요점은 심오하기 그지없다. 그의 요점은 그리스도의 희생만으로 충분하다는 것이다. 예수님의 피가 깨끗하게 할 수 없는 죄나 허물은 단 한 가지도 없다. 아무리 가증스러운 우상 숭배의 죄도 어린 양이신 예수님의 피가 지닌 능력이면 말끔히 씻을 수 있다. 우리는 **"오직 그리스도"**의 피로 구원받는다. 그분의 피는 우리의 죗값을 남김없이 청산하기에 충분하다.

살아서나 죽어서나 우리의 유일한 위로

"오직 그리스도"는 신앙생활과 관련해 어떤 의미를 지닐까?

교수 활동을 시작한 첫해에 나는 한 반을 맡아 신학을 가르쳤다. 어느 날 강의가 끝났을 때 한 중년 여성이 당혹스럽고 고민스러운 듯한 표정으로 내게 다가왔다.

그녀는 일평생 로마 가톨릭교회에 다니면서 성장했고, 젊었을 때의 마르틴 루터처럼 아무런 확신도 발견하지 못했다. 그녀는 자신의 행위가 충분히 선한지, 또 자신이 회개의 기도를 잘 드리고 있는지 미심쩍어했다. 그녀는 은혜로우신 하나님을 알지 못했다. 그러나 그녀의 동료들은 확신과 기쁨이 충만한 복음적인 신자들이었다. 그녀는 어떻게 그런 일이 가능할 수 있는지 몹시 의아해했다.

나는 미소 띤 얼굴로 그녀를 바라보면서 "불안해하는 자매의 영혼을 위해 들려줄 좋은 소식이 있습니다. 예수님께서 죗값을 모두 청산하셨습니다."라고 말했다.

물론 복음을 믿는 사람들도 확신이 없어 고민하는 경우가 얼마든지 있을 수 있다. 모든 목회자가 말하는 대로 예수님을 진정으로 믿으면서도 온전한 확신에 근거한 위로를 느끼지 못해 고민하는 양들이 많다. 윌리엄 쿠퍼(William Cooper) 같은 찬송가

작가를 비롯해 역사상 가장 위대했던 그리스도인들 중에도 확신이 없이 불안해했던 사람들이 더러 있었다.

확신이 없는 영혼을 치유하는 방책은 무엇일까? 그것은 바로 **"오직 그리스도"** 라는 진리다.

사탄은 슬그머니 다가와서 우리의 귀에 대고 "너는 죄인이야. 하나님은 너를 절대로 받아 주지 않으실 거야. 네 죄가 얼마나 무서운지, 또 네 죄책이 하나님 앞에서 얼마나 큰지 모두가 다 알고 있어."라고 속삭이기를 좋아한다. 마르틴 루터는 사탄이 수없이 다가와서 그렇게 속삭였다고 말했다. 사실 사탄의 말은 옳다. 우리는 정죄당한 무가치한 죄인이다. 우리 자신을 바라보면 영혼의 고통과 시름이 더욱 깊어질 뿐이다. 그러나 마르틴 루터는 구원자이신 예수 그리스도를 언급하자 사탄이 곧바로 도망쳤다고 말했다. 그 이유가 무엇일까? 그것은 그리스도 예수 안에서 모든 신자가 의롭다 하심을 받았기 때문이다. 사탄의 비난은 사실이지만 그리스도의 완전한 의를 덧입으면 그의 비난이 아무런 효력을 발휘하지 못한다.

종교개혁자 칼빈은 제네바(Geneva)의 목회자였다. 그는 죄책감에 시달리는 사람들을 목양하는 일에 평생을 바쳤다. 칼빈은 그런 병든 영혼들을 무엇으로 치유했을까? 그의 치유책은 **"오직 그리스도"** 였다. "구원의 길은 그리스도의 고난 안에 있고, 죄의 빚을 탕감받는 길은 그분이 정죄당하신 사실 안에 있으며, 저주에서 놓여나는 길은 그분의 십자가 안에 있다(갈 3:13). 또한 속죄의 길은 그분의 희생 안에 있고, 정결해지는 길은 그분의 보혈 안에 있다."[17] 칼빈은 "그리스도의 풍성한 축복을 단번에 깨달은 사람에게는 의심이 비집고 들어올 틈이 없다"고 말했다.[18] 그가 말하려는 요점은 『하이델베르크 교리문답(1563)』(The Heidelberg Catechism) 안에 잘 요약되어 나타난다. 『하이델베르크 교리문답』은 "살아서나 죽어서나 우리의 유일한 위로는 무엇인가?"라고 묻고 "나의 몸과 영혼은 … 나의 것이 아니라 나의 모든 죗값을 온전히 치르신 나의 충실하신 구원자 예수 그리스도께 속해 있습니다."라고 대답한다.[19]

만일 사탄의 비난으로 인해 죄의 중압감에 시달린다면 한마디로 죄와 사탄을 단번에 물리칠 수 있다. 그것은 "온전히"라는 말이다. 그리스도의 보배로운 피가 우리의 모든 죄를 속량했다. 이보다 더 큰 확신이 어디에 또 있겠는가? 루터가 말한 대로 **"오직 그리스도"** 를 믿는 믿음은 "양심의 평화를 가져다준다."[20]

---

17) Calvin, *Institutes* 2.16.19.
18) Ibid.
19) "The Heidelberg Catechism (1563)", James T. Dennison, ed., *Reformed Confessions*, 2:771.
20) Luther, *Babylonian Captivity, LW* 36-57.

5

오직 하나님께 영광을!

Sola Scriptura
Sola Gratia
Sola Fide
Solus Christus
Soli Deo Gloria

오웬 스트라챈

Owen Strachan

Soli Deo Gloria

에릭 리델(Eric Liddell)은 차분한 표정으로 머리를 뒤로 젖히고, 입을 벌린 채로 힘차게 달렸다. 그는 세상에서 둘째라면 서러울 만큼 빠른 사람이었고, 가장 유명한 사람 가운데 하나였다. 올림픽 금메달 수상자라는 영예를 얻고 나자 그는 인간의 마음이 원할 수 있는 것(옥스퍼드대학교 같은 곳에서 일할 수 있는 기회, 큰 부를 누릴 수 있는 가능성, 그 누구도 쉽게 얻지 못할 명예와 영향력 등)을 모두 가질 수 있었다.

그러나 '불의 전차'(Chariots of Fire)라는 영화에서 불멸의 육상 선수로 묘사된 그는 아무것에도 미련을 두지 않고, 모든 것을 포기했다. 그의 마음속에는 다른 것이 있었다. 구체적으로 말해 그는 하나님의 영광을 추구했다.[1]

리델은 하나님의 나라를 위해 일하는 것이 하나님과 인간 모두에게 무한한 가치를 지닌다는 것을 알았다. 그는 그리스도를 알지 못하는 사람들을 상대로 제자 양육과 선교 사역을 하겠다

---

1) 에릭 리델의 생애에 관해 자세히 알고 싶으면 다음의 자료를 참조하라. Duncan Hamilton, *For the Glory: Eric Liddell's Journey from Olympic Champion to Modern Martyr* (New York: Penguin, 2016).

는 원대한 포부를 지녔다. 모든 영국민이 그의 승리를 축하하며 그의 다음 행보를 주시하는 상황에서 그는 누구도 예상하지 못한 길을 선택했다. 구체적으로 말해 그는 중국으로 건너가서 오지의 가난한 선교사가 되었다. 그는 사람들에게 필요한 지식을 가르쳤고, 이웃을 성심껏 도왔으며, 주위 사람들을 친절하게 대했다.

그가 그렇게 한 이유는 무엇이었을까?

그 대답을 찾기가 다소 복잡해 보일지 모르지만 사실은 매우 간단하다. 그가 그렇게 한 이유는 영광을 위해서였다. 그러나 그것은 그 자신의 영광이 아닌 하나님의 영광이었다.

종교개혁을 통해 "하나님의 영광"이라는 교리가 회복된 경위

리델의 사회적 지위는 남달랐지만 마음의 동기는 너무나도 순수했다. 에릭 리델의 이야기는 하나님을 위해 성별된 삶, 곧 하나님을 널리 알리고, 그분의 명성을 높이는 일에 헌신하는 삶을 보여 주는 대표적인 사례다. 그런 삶은 종교개혁의 위대한 '오직' 교리 가운데 하나인 **"오직 하나님께 영광을!"**(Soli Deo Gloria)과 정확하게 일치한다.

종교개혁의 다섯 가지 '오직' 교리 중 하나인 이 교리는 우리의 존재 이유는 물론 만물의 존재 이유(하나님의 영광)를 분명하게 보여 준다.[2]

그러나 역사에는 예상 밖의 측면이 있다. 종교개혁자들은 **"오직 하나님께 영광을!"**이라는 개념을 분명히 가지고 있었지만 그 문구를 직접 사용한 적은 한 번도 없었다.

종교개혁의 깃발로 널리 알려진 교리, 곧 참된 기독교의 궁극적인 목적을 일깨우는 '오직'이라는 말이 루터의 글이나 칼빈의 강해 설교나 발타자르 후브마이어(Balthasar Hubmaier)의 말을 통해 언급된 적은 없다. 사실 이 위대한 종교개혁의 지도자들은 오늘날 유명해진 이 문구들을 단 한 번도 사용하지 않았다.[3]

이 문구를 서구 사회에서 통용되는 언어적 표현으로 정착시킨 주인공은 두 명의 음악가였다.

---

[2] 종교개혁의 교리를 전반적으로 살펴보고 싶으면 다음의 자료를 참조하라. Matthew Barrett, ed., *Reformation Theology: A Systematic Summary* (Wheaton, IL: Crossway, 2017). Timothy George, *Theology of the Reformers* (Nashville: B&H Academic, 2013 [1988]). 이 책은 종교개혁의 신학을 다룬 고전 가운데 하나다.

[3] '오직' 교리가 정확히 어디에서 유래했는지는 알려져 있지 않다. 예를 들어 종교개혁 시대에 필리프 멜란히톤은 "우리는 오직 은혜로 의로워지고, 오직 믿음으로 의롭게 된다(sola gratia justificamur et sola fide justificamur)."라는 문구를 사용했다. 1916년 루터교 학자 시어도어 엥겔더는 "종교개혁의 세 가지 원리: 오직 성경, 오직 은혜, 오직 믿음"이라는 제목의 논문을 발표했다. 신학자 에밀 브룬너는 나중에 이 목록에 "오직 하나님께 영광"과 "오직 그리스도"를 추가했다. 이 점에 대해 좀 더 자세히 알고 싶으면 다음의 자료를 참조하라. R. Michael Allen, *Reformed Theology* (Continuum International Publishing Group, 2010).

요한 세바스찬 바흐(Johann Sebastian Bach)와 게오르그 프리드리히 헨델(George Frideric Handel)은 자신들이 작곡한 작품의 끝에 **"오직 하나님께 영광"**을 뜻하는 라틴어(SDG)를 적곤 했다.[4]

이것은 잠시 재미 삼아 말하고 지나칠 일이 아니다. 이것은 이 교리에 간직된 모든 비밀을 열어서 보여 주는 열쇠다.

사역자든 평신도든, 신자라면 누구나 하나님의 위대하심을 드높이려는 목적의식을 가지고 그분을 위해 살아갈 수 있다. 작곡가와 음악가는 하나님을 위해 곡을 쓰고, 악기를 연주했다. 우리는 하나님 나라에서 어떤 역할을 맡고 있든지 상관없이 신앙생활의 모든 영역에서 하나님의 영광을 추구해야 한다.[5]

지금부터 성경이 가르치는 '영광'이 어떤 개념을 지니고 있는지, 또 종교개혁자들이 하나님의 영광이 신앙생활에서 차지하는 역할을 어떻게 이해했는지를 간단하게 살펴보고 나서 오늘날의 그리스도인들이 하나님의 영광을 위해 살아가는 데 필요한 네 가지 명제를 제시함으로써 모든 논의를 마치고자 한다.

---

4) 바흐는 18세기에 자신이 만든 대부분의 악보 끝에 'SDG'라고 적었다. 헨델도 '메시아'의 끝에 적힌 대로 이 문구를 종종 사용했다. 다음의 자료를 참조하라. Calvin Stapert, "To the Glory of God Alone", *Christian History* 95 (2007). http://www.christianitytoday.com/history/issues/issue-95/to-glory-of-god-alone.html. Don Samdahl, "Handel's Messiah", *Doctrine.org*, July 2014. http://doctrine.org/handels-messiah.
5) 이 점에 대해 좀 더 자세히 알고 싶으면 다음의 자료를 참조하라. Michael Reeves, *The Unquenchable Flame: Discovering the Heart of the Reformation* (Nashville: B&H Academic, 2010).

하나님을 영화롭게 하는 인간(모든 것의 목적)

신앙생활의 목적이 전혀 뜻밖의 성경 본문, 곧 바울이 음식에 관한 율법을 길게 논의한 대목에서 발견된다. 바울 사도는 고린도전서 10장에서 우상 숭배에 철저하게 물든 탓에 온갖 우상들에게 제물을 바치는 일이 일상화되었던 이방 문화 속에서 살아가는 그리스도인들이 음식을 어떻게 먹어야 하는지를 이해하는 데 도움이 되는 가르침을 베풀었다.

바울은 신자들에게 우상에게 바친 음식을 다루는 방식에 대해 여러 가지 유익한 지침을 제시했다. 성숙한 신자는 우상에게 바친 음식을 다룰 때 덜 성숙한 신자들을 실족하게 하는 일을 피해야 하지만 개인적으로는 우상이 존재하지도 않고, 음식은 단지 음식일 뿐이라는 사실을 알기 때문에 자유롭게 그런 음식을 먹을 수 있다. 바울은 그런 논의를 마무리하면서 "그런즉 너희가 먹든지 마시든지 무엇을 하든지 다 하나님의 영광을 위하여 하라"(고전 10:31)고 말했다.[6]

---

6) Mark Taylor, *1 Corinthians*, ed. E. Ray Clendenen, vol. 28, The New American Commentary (Nashville, TN: B&H Publishing Group, 2014), 249-50. 테일러는 "고대 사회에서 음식을 먹고 마시는 일은 상호 간의 관계적 교류에서 매우 큰 비중을 차지했고, 그런 자리에서는 흔히 지배적인 세계관의 충돌이 일어났다. 바울은 매우 신중하게 복음 중심의 결정에 근거한 윤리를 제시했다. 그가 제시한 윤리는 '모든 것을 하나님의 영광을 위해 하라'는 말로 간결하게 요약할 수 있다"고 말했다.

하나님은 식생활에 관한 바울의 논의를 통해 존재의 목적과 신앙생활의 핵심 원리를 일깨워 주셨다.[7]

"무엇을 하든지." 단지 우상에게 바친 음식을 다루는 문제를 통해서만 하나님을 영화롭게 할 수 있는 것은 아니다. 그리스도의 제자는 존재의 모든 순간을 하나님을 영화롭게 하는 기회로 삼아야 한다.[8]

음식을 먹고 마시거나, 철학을 공부하거나, 의자를 조립하거나, 대화 중에 상대방의 말을 귀 기울여 듣거나, 농구를 하거나, 외과 수술을 하거나, 티셔츠를 인쇄하거나, 그리스도를 찬양하거나, 아름다운 음악을 작곡하거나, 해를 입힌 친구에게 용서를 빌거나, 자녀와 인형 놀이를 하거나, 배우자와 즐겁게 지내거나 "무엇을 하든지" 하나님의 영광을 위해야 한다.[9]

어떤 결정을 내리든 이 원칙을 적용해야 한다. 즉 어떤 일을

---

7) Karl Barth, *The Resurrection of the Dead* (Eugene, OR: Wipf&Stock, 2003[1933]), 38. 바르트가 이 구절이 "이 대목의 목적", 곧 우상에게 바친 음식을 다루는 논의의 초점이라고 말한 것은 충분한 이유가 있다.
8) Roy E. Ciampa and Brian S. Rosner, *The First Letter to the Corinthians*, The Pillar New Testament Commentary (Grand Rapids: Cambridge, U.K.: William B. Eerdmans Publishing Company, 2010), 495-98. "고린도 신자들은 음식과 음료와 관련된 문제(또는 그 밖의 다른 모든 문제)를 생각할 때 스스로의 권리나 자유나 욕구를 추구하지 말고, 하나님의 영예와 영광을 드높일 수 있는 일에 가장 큰 관심을 기울여야 했다."
9) 이런 관점은 그리스도께서 온 우주를 "나의 것!"으로 주장하신다는 카이퍼의 신학적 이해와 일맥상통한다. 다음의 자료를 참조하라. Abraham Kuyper, "Sphere Sovereignty", *Abraham Kuyper: A Centennial Reader*, ed. James D. Bratt (Grand Rapids: Eerdmans, 1998), 488.

결정할 때는 항상 기도와 성경 읽기와 다른 사람들의 조언을 통해 무엇이 하나님을 영화롭게 하는 길인지를 분별하려고 노력해야 한다.

나는 이런 방법을 결코 무시하고 싶지 않다. 어떤 기회가 주어졌든 이 방법을 적용하는 것이 바람직하다. 그러나 이 방법에 한 가지 더해야 할 것이 있다. 이것은 매우 중요하다.

바울의 초점은 신자의 마음가짐에 있다. 그의 말에는 "하나님을 영화롭게 하는 일을 하라. 그분을 기쁘시게 하는 일을 하라. 그분을 욕되게 하는 일을 하지 말라"는 의미가 담겨 있다. 자칫 잘못하면 우리의 왕이신 주님이 어떻게 살아야 하는지를 이미 분명하게 알려 주셨는데도 그분을 영화롭게 하는 방법을 찾으려고 애쓰면서 우리 자신을 혼란스럽게 만드는 일이 얼마든지 일어날 수 있다.[10]

하나님은 우리에게 깊은 관심을 기울이신다. 따라서 우리도 그분께 깊은 관심을 기울여야 한다. 우리는 모든 것을 하나님의 영광을 위해 해야 한다.[11] 우리는 성자 하나님의 구원사역을 통

---

10) 이 말은 존 맥아더의 주장과 일맥상통한다. John A. MacArthur, *Found: God's Will* (Colorado Springs: David C. Cook, 2012[1977]).

11) David VanDrunen, *God's Glory Alone: The Majestic Heart of Christian Faith and Life-What the Reformers Taught...and Why It Still Matters*, The 5 Solas Series, ed. Matthew Barrett (Grand Rapids: Zondervan, 2015), 154. 데이비드는 "오직 하나님께 영광"의 교리를 우리 자신이나 우리가 살아가는 방식보다는 하나님을 중심으로 이해해야 한다고

해 하나님의 가족으로 입양되어 하늘 아버지의 자녀가 되었고, 내주하시는 성령의 능력으로 거룩함의 열매를 맺는다. 우리는 행복한 가정에서 부모를 사랑하고 신뢰하며 성장하는 아이처럼 감사와 기쁨으로 가문의 이름을 빛내기 위해 끊임없이 노력해야 한다.[12] 우리는 우리가 서 있는 자리에서 답보 상태로 머물러서는 안 되겠다 싶어 두렵고 초조한 마음으로 마지못해 믿음의 발을 떼어놓는 식의 삶을 살아서는 안 된다. 하나님을 영화롭게 하는 삶은 자유롭고 즐거운 삶이다. 우리는 총력을 다해 하나님의 탁월하심을 드높이는 삶을 살아야 한다.[13]

"오직 하나님께 영광"은 "하나님을 만끽하며 살아가는 삶"이라는 말로 간단하게 압축할 수 있다. 그런 삶이 불신자들의 삶과 얼마나 다른지 이해하려면 멀리 과거로 거슬러 올라가서 이 세상을 파멸로 몰아넣었던 사건을 생각하면 된다. 구체적으로 말해 에덴동산으로 거슬러 올라가면 하나님을 영화롭게 하는 삶과 인간을 영화롭게 하는 삶이 어떻게 다른지 알 수 있다.

옳게 지적했다.

12) 구원론적인 차원에서 양자의 교리를 신학적으로 충실하게 다룬 내용을 원한다면 다음의 자료를 참조하라. David Garner, *Sons in the Son: The Riches and Reach of Adoption in Christ* (Phillipsburg, NJ: P&R, 2012).

13) 여기에서 '탁월하심'이라는 용어는 조나단 에드워즈에게서 빌려온 것이다. 그는 이 말로 하나님의 모든 속성과 완전하심이 아름답게 하나로 결합된 상태를 묘사하곤 했다. 다음의 자료를 참조하라. Owen Strachan and Douglas Sweeney, *The Essential Jonathan Edwards: An Introduction to the Life and Teaching of America's Greatest Theologian* (Chicago: Moody, 2018).

하나님 대 인간 (영광을 둘러싼 근본적인 다툼)

성경은 영적인 자기 계발 도서도 아니고, 시대를 초월한 지혜를 모아 놓은 책도 아니며, 신학적 상상력을 발휘해 바다가 갈라지고 용들과 괴수들이 살던 때를 희화한 책도 아니다.

성경은 하나님과 사탄의 싸움을 사실 그대로 증언하고 있는 책이다. 하나님과 사탄이 모두 영광을 원하지만 오직 하나님만이 그것을 누릴 자격이 있으시다.

이 싸움의 기원에 대한 세부 내용은 알 수 없는 신비이지만 사탄이 하나님의 엄위하신 지위를 찬탈하려고 했던 데서부터 시작된 것은 분명해 보인다. 그는 하나님과 같은 권위와 능력과 명성을 갈망했다(눅 10:18; 사 14:12). 하나님은 그런 죄를 저지른 사탄을 하늘에서 내쫓으셨다. 이것이 창세기 3장의 배경이다. 사탄은 아담과 하와를 미혹해 하나님과 맞서게 했다. 그는 그들이 하나님의 명령을 지키지 않고, 스스로 권위자가 되어 행동하도록 유도했다.[14] 잘 알다시피 인류의 첫 조상은 그릇된 선택을 했다. 그 결과 인류는 타락했다. 영원한 영광을 누리게 할 목적으

---

14) 인간이 타락하게 된 경위와 그 결과에 대해 좀 더 자세하게 알고 싶으면 다음의 자료를 참조하라. Owen Strachan and Gavin Peacock, *The Grand Design: Male and Female He Made Them* (Fearn, Ross-shire, UK: Christian Focus, 2016).

로 창조된 인간이 죄로 인해 영원한 심판을 받아야 할 운명에 처하고 말았다.[15]

하나님은 그 시점에서 모든 것을 종결지을 수 있었지만 그렇게 하지 않으셨다. 그분은 창세기 3장 25절에서 우주적인 전쟁을 치르기 위한 다음 전투 계획을 마련하셨다. 하나님은 뱀, 곧 사탄이 여인이 낳은 후손의 발꿈치를 상하게 할 것이고, 그 후손이 그의 머리를 상하게 할 것이라고 약속하셨다.[16] 이 약속이 이후의 역사의 진로를 결정했다. 하나님과 마귀의 싸움이 본격적으로 전개되기 시작했다. 명확하게 드러난 대로 이 싸움은 곧 영광을 다투는 싸움이다. 창세기 1-2장이 증언하는 대로 하나님은 만물의 창조주이시다. 그분은 만물을 다스리는 주권자로서 정당한 권리를 지니고 계신다. 그러나 사탄은 창조주가 아니다. 그는 그 무엇도 다스리거나 주관할 권한이 없다. 그런데도 사탄은 하나님의 영광을 멸시하며, 그것을 차지하려는 노력을 포기하지 않고 전력을 기울인다.[17]

---

15) 온 인류가 아담 안에서 어떻게 타락했는지에 대해 좀 더 자세히 알고 싶으면 다음의 자료를 참조하라. John Murray, *The Imputation of Adam's Sin* (Phillipsburg, NJ: P&R, 1959).
16) Peter Gentry and Stephen Wellum, *God's Kingdom through God's Covenants*, 258. 이 책의 저자들은 이 약속("원복음")이 "성경의 전체 이야기를 이끈다"고 말했다. 다음의 자료도 아울러 참조하라. Tom Schreiner, *Covenant and God's Purpose for the World*, Short Studies in Biblical Theology (Wheaton, IL: Crossway, 2017), 19-29.
17) 사탄은 나르시시즘의 원조다. 현대적 상황에서 나르시시즘을 설명한 내용을 원한다면 다음의 자료를 참조하라. Christopher Lasch, *The Culture of Narcissism: American*

이런 사실이 우리에게 중요한 이유는 우리가 태어나는 순간부터 참된 왕이 아닌 거짓 왕을 따르려는 성향을 지니기 때문이다. 우리는 예외 없이 모두 아담의 부패한 본성을 물려받았다. 우리에게 죄를 가르친 사람은 아무도 없다. 거짓말하는 기술이나, 타인을 괴롭히거나, 과일이나 과자를 훔치는 능력을 갈고닦기 위해 특수 교육을 받을 필요가 전혀 없다. 우리는 그런 일을 본성적으로(아담으로부터 물려받은 본성에 따라) 저지른다(롬 3:10-18, 5:12-21; 고전 15장 참조).

그러나 여기에는 좀 더 깊은 진실이 숨겨져 있다. 우리는 단지 그릇된 행위를 저지르는 것만이 아니다. 우리가 죄를 짓거나 마땅히 해야 할 일을 하지 않는 이유는 우리의 마음이 우리 자신의 영광을 구하려고 하기 때문이다.[18]

타락한 인간이 타고난 본성으로는 하나님을 하나님으로 받들어 섬기기를 원하지 않는다. 우리는 하나님께서 그분의 이름에

Life in an Age of Diminishing Expectations (New York: W. W. Norton, 1979). Jean M. Twenge, *Generation Me: Why Today's Young Americans Are More Confident, Assertive, Entitled-and More Miserable Than Ever Before* (New York: Free Press, 2006).

18) '자아 숭배'도 다른 요인만큼이나 우리의 죄에 지대한 영향을 미친다. 이런 이유로 칼빈은 다음과 같이 말했다. "우리는 이런 사실로부터 인간의 본성이 끊임없이 우상들을 만들어내는 공장이라는 것을 미루어 짐작할 수 있다. 교만하고 뻔뻔스러운 인간의 마음은 대담하게도 자신의 재량에 따라 우상을 상상해 낸다. 인간의 마음은 가장 우둔한 무지에 압도되어 나태하게 빈둥대면서 실재하지 않는 것과 텅 빈 겉껍데기를 신으로 떠받든다." John Calvin, *Institutes of th Christian Religion* ed. John T. McNeill, trans. Ford Lewis Battles (Philadelphia: Westminster John Knox, 1960), 1.11.8.

합당한 영광을 누리시기를 바라지 않는다. 우리는 우리 자신이 영광을 누리기 원한다.

그리스도께서 지상 사역을 막 시작하실 무렵 세례 요한이 무슨 말을 했는지 기억하는가? "그는 흥하여야 하겠고 나는 쇠하여야 하리라"(요 3:30)라고 말했다. 죄인인 우리는 그와 정반대로 "나는 흥하여야 하겠고 하나님을 비롯해 다른 모든 것은 쇠하여야 하리라."라고 말하기를 좋아한다.[19]

이런 인간의 본성을 성경 곳곳에서 확인할 수 있다. 불신자들은 물론 하나님의 백성들도 예외가 아니다.

예를 들어 바벨탑은 하나님 앞에서 인간의 능력과 천재성을 자랑하려는 어리석은 시도였다(창 11장).

다윗은 인구 조사를 실시함으로써 교만을 드러냈고, 그의 아들 솔로몬은 자신의 부를 과시했다(대상 21장; 왕상 10장).

느부갓네살 왕은 사악한 마음으로 자기의 영광을 크게 떠벌려 모든 사람에게 자신의 개인적인 위엄을 상기시켰다. 그는 궁궐 옥상에서 "이 큰 바벨론은 내가 능력과 권세로 건설하여"라고 외쳤다(단 4:30).

---

[19] 하나님의 영광을 추구하려면 반드시 겸손이 필요하다. 이 점에 대해 좀 더 자세히 알고 싶으면 다음의 자료를 참조하라. C. J. Mahaney, *Humility: True Greatness* (Colorado Springs: Multnomah, 2005).

악한 헤롯 왕은 권력에 대한 욕심이 너무 지나쳐서 자신의 지위를 잃을까 두려운 나머지 유아들을 무참히 학살했다(마 2장).

예수님 당시의 종교 지도자들은 그분이 거룩한 권위를 지니고 계셨음에도 불구하고 그 앞에 엎드리지 않고, 도리어 그분을 대적하고 모욕했을 뿐 아니라 급기야 죽여 없앴다.

요한계시록에 등장하는 짐승은 하나님의 자녀를 집어삼키고, 그분의 계획을 뒤엎으려고 애썼다(계 12장).

인간이 교만에 사로잡혀 하나님의 영광을 가리려고 애쓰고 음모를 꾸민 사례가 성경에 거듭 되풀이되어 나타난다. 하지만 그와 같이 사악한 노력은 한 번도 성공을 거두지 못했다. 이 점은 앞으로도 마찬가지일 것이다.[20]

우리는 이것이 개인적인 차원에서 일어나는 현상이라는 사실을 이해해야 할 필요가 있다. 하나님의 영광이든, 아니면 다른 누구의 영광이든 그것을 빼앗으려는 싸움은 우리가 직접 경험하는 현실이다. 그런 싸움이 우리의 삶 속에서 매 순간 벌어지고 있다. 심지어 거듭난 신자조차도 자기 영광을 추구하려는 인간의 타고난 본성과 맞서 싸워야 한다.[21]

---

20) 성경적인 영광의 신학에 관해 좀 더 자세히 알고 싶으면 다음의 자료를 참조하라. VanDrunen, *God's Glory Alone*, 43-108.
21) 이 문제를 다룬 자료 가운데 주목할 만한 가치를 지닌 자료를 하나 소개하면 다음과 같다. Rebecca Konyndyk DeYoung, *Vain-glory: The Forgotten Vice* (Grand Rapids:

우리는 성령의 능력에 힘입어 세례 요한이 말한 대로 "주님, 저는 쇠하고 주님은 흥하셔야 합니다."라고 기도할 수 있다. 그러나 그런 일이 실제로 일어나게 하려면 힘써 노력해야 한다. 내가 쇠하는 일은 결코 쉽지 않다. 그와 달리 영향력을 지닌 뛰어난 인물이 되어 명예와 권세를 누리고 싶은 욕망을 느끼기는 매우 쉽다.

그리스도를 믿는 우리도 여기에서 자유로울 수 없다. '영광을 다투는 싸움'은 우리 밖에서가 아닌 우리 안에서, 곧 우리의 마음과 생각 속에서 일어난다.

"오직 하나님께 영광"은 지나간 옛 시대의 표어가 아니다. 우리는 물론 하나님의 자녀 모두가 자아에 대해 죽고, 그리스도에 대해 살아야 한다. 이것은 매우 중대한 일이다. 진정에서 우러나와 **"오직 하나님께 영광을!"**이라고 외치며 행복하게 찬양할 때도 있지만 기어들어가는 목소리로 이 종교개혁의 표어를 마지못해 말하는 때도 있다. 하나님의 아름다우심과 위대하심을 드높이려면 영적 싸움을 치러야 한다. 참된 신앙생활은 아름다운 정원을 한가롭게 거니는 것과는 거리가 멀다. 신앙생활은 싸움이자 탐구요, 믿음을 위한 투쟁이다.

Eerdmans, 2014).

진정한 영적 삶 (영광에 대한 다양한 견해들)

역사적으로 그리스도인들만이 영광스러운 삶에 대한 비전을 추구했던 것은 아니다.

앞서 말한 대로 인간은 영광을 갈구하는 본성을 지녔다. 특히 고대 헬라 사회는 그 어떤 사회보다 개인적인 위대함을 추구하는 것을 중시했다. 그런 점에서 기독교는 다양한 신념들과 경쟁해야 했다.

스파르타인(the Spartans)들은 전쟁터에서 용감하고, 강인하고, 영웅적인 모습을 보여 줌으로써 개인적인 명예와 공동체적인 긍지를 확고하게 확립했다. 그들은 군인들이 죽음을 두려워하지 않고, 위대한 행위와 목숨을 아끼지 않는 용기를 통해 "영광"(클레오스, kleos)을 추구하도록 훈련시켰다.[22]

아테네인(the Athenians)들은 지혜와 학식을 숭상했다. 그들은 위대한 철학자들과 저술가들과 시인들을 배출함으로써 지혜롭고 학식이 높다는 명성을 얻었다. 그들은 선하고 덕스러운 삶을 살려고 노력했고, 지혜가 그 자체로 목적이라고 생각하고 지성을 넓히는 데 힘을 쏟았다.

---

[22] Harvey Mansfield, *Manliness* (New Haven, CT: Yale University Press, 2006). 하비는 고대의 전사(戰士) 문화를 깊이 있게 분석하고 비판했다.

에피쿠로스학파(the Epicureans)는 이전의 사상가들보다 쾌락에 좀 더 많은 관심을 기울였다.

그들은 자유로운 삶의 영광을 추구했다. 쾌락을 즐길 줄 아는 사람들, 곧 육체적인 즐거움을 추구하는 것을 방해하는 어리석은 도덕적, 종교적 속박을 거부하는 자들만이 명예를 누릴 자격이 있다고 여겨졌다.[23]

영광에 대한 기독교의 비전(영광에 사로잡힌 순례의 여정)에는 그런 개념들이 포함되어 있다.

바꾸어 말해 자연인도 창조 질서의 선함을 인식할 수 있지만 단지 하나님의 말씀이 가르치는 대로 세상을 보지 않기 때문에 진정으로 덕스럽고, 의롭고, 하나님을 영화롭게 하는 삶을 살아갈 수가 없을 뿐이다.

스파르타인들은 용기를 존중하고, 악을 최대한 억제하려고 노력했다는 점에서 칭찬받을 만하다. 아테네인들도 지혜를 추구하는 것이 즐겁고 유익한 일이라고 생각했다는 점에서 매우 바람직했다. 또한 쾌락을 추구하는 것이 진정으로 행복한 삶을 위한 필수 요건 가운데 하나라고 이해했던 에피쿠로스학파도 잘못되지 않았다.

---

23) 영광에 관한 고대의 견해를 다룬 내용을 살펴보려면 다음의 자료를 참조하라. Walter Hamilton, ed,. *Plato: The Symposium* (New York: Penguin Classics, 1951).

그러나 그 모든 사상은 그리스도가 없었기 때문에 완전히 실패했다. 영광에 대한 올바른 비전은 **"오직 그리스도"**를 통해서만 가능하다.

그리스도께서는 용기 있게 십자가에서 사탄의 머리를 깨뜨리셨다. 그리스도께서는 하나님의 '로고스'(Logos)요 지혜이시다. 그분은 의와 참된 즐거움으로 이끄는 길이시다(시 16:11). 그리스도 외에 다른 것은 모두 가짜다.[24]

그리스도를 믿으면 영광스러운 삶에 관한 이 모든 다양한 비전의 의미가 생생하게 되살아난다. 하나님은 위대함과 웅대함과 명예로움에 관한 인간의 관심을 억누르지 않으신다. 그분은 단지 그런 관심의 방향을 올바르게 돌려 하늘로 향하게 만드는 일을 하실 뿐이다.

주님은 자기중심적인 영광을 추구하는 사람들을 하나님 중심적인 영광을 추구하는 사람들로 만들기 원하신다. 주님은 그분의 제자들이 세상에서 잠시 나그네로 머무는 동안 활기찬 삶을 외면한 채 무작정 엄격하고 경건한 삶만을 추구하기를 바라지 않으신다. 그분은 자신의 교회가 육신을 죽이고, 용기와 지혜와

---

24) 모든 것 중에 가장 큰 선물은 바로 하나님이다. 하나님과 그분이 지으신 세상을 향해 기쁨으로 다가갈 수 있는 방법을 알고 싶으면 다음의 자료를 참조하라. John Piper, *Desiring God: Meditations of a Christian Hedonist*, 2nd ed. (Colorado Springs: Multnomah, 2011[1986]).

거룩함과 진리와 하나님 중심적인 즐거움으로 가득 찬 영광스러운 삶을 살아가기를 원하신다. 그리스도를 믿는다고 해서 마음을 꼭 닫아 잠근 채로 무덤덤하게 영적인 활동에만 관심을 기울여야 하는 것은 아니다. 그리스도를 믿는다는 것은 삶의 모든 영역을 다스려 나가면서 지성과 마음과 열정과 영성과 윤리와 영혼의 초점을 하나님께 맞추는 것을 의미한다.[25]

개신교 종교개혁자들은 이런 사실을 이해했다. 칼빈은 온 우주를 "하나님의 영광을 나타내는 극장"으로 묘사함으로써 하나님 앞에서 믿음으로 활기차게 살아가는 모습을 보여 주는 것이 곧 삶이라는 가르침을 베풀었다.[26]

우리가 호흡할 때마다 위대한 드라마가 전개된다. 우리의 삶과 역사는 모두 그 드라마의 일부다. 루터는 조용하고 지극히 평범한 일상 속에서 영광을 발견했다. 그는 기저귀를 갈아 주는 일을 하나님을 기쁘시게 하는 활동으로 간주하고, 기억에 길이 남을 만한 글을 남겼다.

---

[25] 이런 형태의 담대한 영성을 독려하는 책들을 몇 권 소개하면 다음과 같다. John Piper, 『모험이 답이다』(생명의말씀사, *Risk is Right: Better to Lose Your Life Than Waste It* [Wheaton, IL: Crossway, 2013]). David Platt, 『래디컬』(두란노, *Radical: Taking Your Faith Back from the American Dream* [Colorado Springs: Multnomah, 2010]). Owen Strachan, *Risky Gospel: Abandon Fear and Build Something Awesome* (Nashville: Thomas Nelson, 2013).

[26] Calvin, *Institutes*, 1.5.8; 2.6.1.

어떤 아버지가 자기 자녀를 위해 기저귀를 빨거나 다른 허드렛일을 하는 것을 보면 바보같이 여자나 하는 일을 한다며 비웃을 사람이 있을 것이 틀림없다. 그러나 사랑하는 벗들이여, 만일 그 아버지가 그 일을 기독교 신앙에 입각해서 앞서 설명한 정신으로 이행한다면 과연 누가 누구를 비웃어야 마땅하겠는가? 하나님은 모든 천사와 피조물과 더불어 빙긋이 웃으신다. 그분이 웃으시는 이유는 그 아버지가 기저귀를 빨아서가 아니라 그가 믿음으로 그 일을 하고 있기 때문이다.[27]

종교개혁자들은 성경으로 되돌아가서 믿음으로 사는 평범한 일상의 고귀한 가치와 단순한 아름다움을 회복시켰다. 그들은 때로 심오한 사상과 이해하기 힘든 개념들을 옹호한 신학자들로 여겨지지만, 사실은 기독교 신앙의 핵심을 옳게 되살려 낸 사람들이었다.

영광에 대한 종교개혁의 비전이 일반적인 삶의 영역 속에서 많은 것을 촉진시킨 것은 지극히 당연한 결과였다. 종교개혁은 16세기에 경제를 활성화하고, 활기찬 상거래가 이루어지게 하

---

27) Martin Luther, "The Estate of Marriage"(1522), *Martin Luther's Basic Theological Writings*, 2nd edition, ed. Timothy F. Lull (Minneapolis: Augsburg Fortress, 2005), 158-59.

는 데 크게 기여했다. 종교개혁의 이념을 일찍부터 도입한 네덜란드는 기업가적인 정신과 양심적인 도덕법으로 명성을 날렸다. 루터의 가르침은 젊은 신학생들은 물론 미술가와 음악가와 정치인들에게까지 큰 영감을 주었다.

종교개혁자들은 기독교를 사제들의 관점에서 바라보지 않았다. 그들은 기독교를 모든 사람이 "하나님 앞에서"(Coram Deo) 감당해 나가야 할 모험적인 과업으로 생각했다. 단지 사역자들만이 아니라 모든 사람에게 '소명'이 주어진다. 모든 사람이 저마다 자신의 삶을 통해 하나님의 이름을 드높이고, 그분을 영화롭게 해야 한다. 종교개혁은 하나님의 영광이 목회자뿐 아니라 평범한 부모들과 일반적인 직업에 종사하는 사람들, 곧 무명인으로 조용히 각자의 삶에 충실하면서 그리스도의 능력으로 하나님께 복종하기 원하는 모든 그리스도인이 추구해야 할 목적이라는 성경적인 진리를 회복시켰다.[28]

성경에서 비롯한 **"오직 하나님께 영광을!"**이라는 종교개혁의 교리는 일상의 삶을 축복하고, 거기에 충실할 것을 강조한다.

---

[28] 이 점에 대해 좀 더 자세히 알고 싶으면 다음의 자료들을 참조하라. Gene Edward Veith Jr., *God at Work: Your Christian Vocation in All of Life* (Wheaton, IL: Crossway, 2011). Abraham Kuyper, *Lectures on Calvinism* (Peabody, MA: Hendrickson, 2008[1898]). Hugh Whelchel, "The Day the World Changed: The Reformation 500 Years Later", The Institute for Faith, Work, and Economics, October 31, 2017, http://tifwe.org/the-day-the-world-changed-the-reformation-500-years-later.

그러나 이 교리는 우리에게 경각심을 일깨워 주기도 한다. 루터는 자신의 글과 가르침을 통해 유익한 구별을 제시했다. 구체적으로 말해 그는 "영광의 신학자"와 "십자가의 신학자"를 구별했다.[29]

"영광의 신학자"들은 하나님으로부터 능력을 구한다. 그들은 유명하고, 위대하고, 강해지기를 원한다. 그들이 그리스도께 나오는 이유는 죽고 쇠하기 위해서가 아니라 높으신 하나님의 능력으로 사람들 가운데서 흥하기 위해서다.[30] 간단히 말해 "영광의 신학자"들은 그리스도 없이 하나님만을 추구한다.

루터는 빌립이 "영광의 신학"(Theologia Gloriae)을 추구하는 경향을 드러냈다고 생각했다. "빌립이 이르되 주여 아버지를 우리에게 보여 주옵소서. 그리하면 족하겠나이다"(요 14:8). 빌립은 갈보리로 향하는 그리스도를 따르기를 원하지 않았다. 그가 원한 것은 성부 하나님과 권능과 영광이었다. 그는 성부께서 성자를 보내셨고, 오직 성자를 통해서만 성부께 나갈 수 있다는 것을 깨닫지 못했다. 사실 제자들도 모두 주님이 걸어가셨던 좁은 길, 곧 죽음으로 향하는 길을 걸어가야 했다.

---

29) 다음의 자료를 참조하라. VanDrunen, *God's Glory Alone*, 16-18.
30) 이 흥미로운 개념에 관해 좀 더 자세히 알고 싶으면 다음의 자료를 참조하라. Alister E. McGrath, *Luther's Theology of the Cross: Martin Luther's Theological Breakthrough*, 2nd ed. (Oxford and Malden, MA: Wiley-Blackwell, 2011).

사려 깊은 독자는 여기에서 "현세에서 최상의 삶을 누리려는 태도"가 새로운 것이 아니라 예로부터 줄곧 있어 온 것임을 알아차렸을 것이 틀림없다. [31]

사람들은 마술사 시몬처럼 삶이 향상되고, 시련이 줄어들고, 자신이 받을 자격 있다고 생각하는 축복을 풍성히 받아 누린다면 기쁘게 하나님을 믿고, 예수님을 따르겠다고 생각한다.

우리 시대를 세속적인 시대로 일컫는 말을 종종 듣는다. 어떤 점에서는 그렇다. 특히 사회적인 엘리트들 중에는 현세가 전부라고 생각하는 사람들이 많다. 그러나 오늘날의 시대도 사실은 영적인 성격이 매우 강하다. [32] 여기에서 우리가 생각해 봐야 할 문제는 "사람들이 어떤 영성에 관심을 기울이는가? 만일 그들이 예수님께 관심이 있다면 그것은 어떤 예수님인가? 미국의 예수님인가, 신앙의 예수님인가?"라는 것이다. 조심하지 않으면

---

[31] 소위 '번영 신학'은 그 정도가 심하든 약하든 상관없이 모두 배격해야 마땅하다.

[32] 예를 들어 '무종교인들'이 늘어나는 추세이지만(2007년에는 16퍼센트, 2015년에는 23퍼센트) 아직도 많은 사람이 사후의 삶을 믿고 있다. 대다수 미국인은 여전히 천국의 존재를 믿는다(그 숫자를 헤아려 보니 72퍼센트에 달했다). 이 점에 대해 좀 더 자세히 알고 싶으면 다음의 자료들을 참조하라. Michael Lipka, "A Closer Look at America's Rapidly Growing Religious 'Nones'", Pew Research Center, May 13, 2015, http://www.pewresearch.org/fact-rank/2015/05/13/a-closer-look-at-americas-rapidly-growing-religious-nones. Carlyle Murphy, "Most Americans Believe in Heaven...and Hell", Pew Research Center, November 10, 2015, http://www.pewresearch.org/fact-tank-2015/11/10/most-americans-believe-in-heaven-and-hell. Neil Strauss, "God at the Grammys: The Chosen Ones", *Wall Street Journal*, February 12, 2011, http://online.wsj.com/news/articles/SB10001424052748704858404576134601105583860.

하나님을 진정으로 사랑해서가 아니라 육체의 건강, 자기 향상, 심신의 안정, 위대함을 갈구하는 본능에 이끌려 신앙생활을 할 위험이 높다. 우리 자신을 주의해서 살피지 않으면 너무나도 흔한 덫에 걸려 쉽게 부를 쌓고, 건강을 유지하고, 자기를 계발하는 수단으로 예수님을 이용하기 쉽다.

루터의 말은 사실이다. 영광의 신학은 우리에게 실질적인 유혹으로 다가온다. 따라서 우리가 믿는 그리스도는 반드시 성경이 가르치는 그리스도이어야 한다.

루터에게는 그리스도의 십자가가 전부였다. 그는 "오직 십자가만이 우리의 신학이다"(crux sola est nostra theologia)라고 말했다.[33] 루터의 십자가 신학은 영광의 신학과 정반대다.

그리스도를 진정으로 알고 싶으면 그분의 십자가를 알아야 한다. 그리스도의 고난 속에서 그분을 발견해야 한다. 그분이 흘린 속죄의 피를 통해 하나님과 화목해야 한다. 회개와 믿음을 통해 영적으로 새롭게 된 후에는 우리의 십자가를 지고, 그리스도를 따라가야 한다.

그러기 위해서는 자연히 고난과 박해는 물론 죽음까지 각오해야 한다.

---

33) Martin Luther, "Lectures on Psalms 1-22", *Weimarer Ausgabe*, 5.176, 32-33. (*WA*는 독일어와 라틴어로 된 '바이마르 판' 루터 전집을 나타낸다).

그러나 믿음을 위해 치르는 희생은 무엇이든 모두 그럴 만한 충분한 가치를 지닌다. 왜냐하면 세상을 떠나는 순간, 즉시 그리스도께 가서 그분과 더불어 천국에 살면서 새 예루살렘에서 영원히 다스릴 것이기 때문이다.

마지막으로 설명해야 할 것이 한 가지 더 있다. 선한 마음을 지닌 그리스도인들 중에는 루터가 "십자가의 신학"으로 일컬은 것을 따르는 이들이 많다.

그들은 어떤 고난과 시련이 닥치더라도 기꺼이 감당할 각오가 되어 있다. 분명 칭찬할 태도이지만 고난이 신앙생활에서 차지하는 역할에 관한 성경의 가르침을 온전히 이해했다고 보기는 어렵다.

그리스도를 구주로 믿으면 그 즉시 고난의 길에 들어선다. 고난이 있을 수도 있고, 없을 수도 있는 것이 아니다. 반드시 고난이 뒤따르기 마련이다. 예수님을 믿는 순간, 낡고 무거운 십자가를 짊어진 우리의 등이 공격의 표적이 된다.[34]

그러나 아무리 힘들어 보이는 고난이라도 하나님의 뜻과 무관하게 주어지는 고난은 없다.

---

34) 이 점에 대해 좀 더 자세히 알고 싶으면 다음의 자료를 참조하라. J. Todd Billings, *Rejoicing in Lament: Wrestling with Incurable Cancer and Life in Christ* (Grand Rapids: Brazos Press, 2015).

연약한 중에도 얼마든지 하나님을 영화롭게 하는 삶을 살 수 있다. 그리스도 중심적인 관점을 가지고 인내로 감당하면 우리의 연약함은 오히려 하나님의 긍휼과 은혜를 더욱 밝히 드러낼 뿐이다.

그리스도인은 누구나 고난의 행렬에 동참한다. "그리스도의 고난이 우리에게 넘친다"(고후 1:5). 우리를 "연단하려고 오는 불 시험을 … 이상히 여기지 말"아야 한다(벧전 4:12). 우리가 그리스도의 고난에 동참하는 이유는 그분과 함께 영광을 받기 위해서다(롬 8:17).

다시 말하지만 언젠가 시련을 겪을 수도 있고, 그렇지 않을 수도 있는 것이 아니다.

우리는 그리스도의 고난에 확실하게 동참한다. 따라서 시련이 닥쳤을 때 두려워하거나 하나님을 탓해서는 안 된다. 오히려 이것이 죄가 만연한 세상에서 그리스도인이 당연히 겪게 되는 일이라는 사실을 기억해야 한다.

우리의 고난은 "영원한 영광의 중한 것"을 가져다줄 것이다(고후 4:17). 이런 사실은 우리에게 큰 도움이 된다. 우리가 경배하는 그리스도께서는 지극히 영화로우시다. 따라서 그 어떤 고난도 우리를 구원하신 주님의 위대하심을 드높이는 일을 멈추게 할 수 없다.

하나님을 영화롭게 하기 위해 기억해야 할 네 가지 명제

지금까지 살펴본 대로 **"오직 하나님께 영광을!"** 은 간단하지만 엄청난 폭발력을 지닌 문구다. 이 문구는 우주의 목적과 신앙생활의 목표를 간결하게 요약한다.

이와 관련해 한 가지 더 생각해야 할 문제는 '이 문구, 곧 그런 정신적 태도를 실생활에 어떻게 적용할 수 있느냐?'라는 것이다. 성경적, 신학적, 역사적 관찰을 토대로 하나님을 영화롭게 하는 삶에 매진할 수 있도록 도와줄 네 가지 명제를 열거하면 다음과 같다.

첫째, 하나님의 영광은 그리스도인의 모든 삶에 의미를 부여한다. 우리는 구원의 드라마에 등장하는 배우들이다. 물론 주역은 우리가 아닌 그리스도이시다. 그분은 성부 하나님의 계획과 지시 및 성령의 역사를 통해 구원의 드라마를 이끌어 가신다.

그러나 하나님은 우리를 선택해 그 일에 동참하게 하셨다. 앞서 말한 대로 하나님은 은혜로우시게도 자기중심적인 영광을 구하는 우리를 하나님 중심적인 영광을 구하는 자들로 바꾸어 주셨다.

이것은 바흐와 같은 음악가, 멜란히톤(Melanchthon)과 같은 신학자, 루터의 친구였던 루카스 크라나흐와 같은 예술가를 비롯해

모든 신자가 매일, 매 순간 하나님을 영화롭게 하는 삶을 살아야 한다는 것을 의미한다.[35]

둘째, 하나님의 영광은 성경을 전하는 교회를 통해 밝히 드러난다. 영광의 화신이신 그리스도께서는 세상에 계시는 동안 그 어떤 조직도 만들지 않으셨다. 그분이 성부 하나님의 계획에 따라 자신의 피로 세운 기관은 오직 교회뿐이었다(마 16장). 그리스도의 피로 산 신자들로 구성된 교회는 죄로 황폐해진 세상에 존재하는 천국의 대사관이다. 지역 교회 하나하나가 규모나 주변 문화의 시각과 상관없이 모두 하늘의 빛을 비춘다.[36]

교회에서 어떤 역할을 맡고 있든, 신자라면 누구나 제각기 교회를 굳세게 하는 일에 많은 노력과 관심을 기울여야 한다. 그렇게 하면 사탄을 물리치고, 주님을 영화롭게 할 수 있다.

마귀는 교회를 무너뜨리기 위해 끊임없이 획책하지만 주님은 교회에 그를 물리칠 수 있는 능력을 허락하신다. 하나님의 영광으로 고동치는 교회가 되려면 성경 중심의 교회가 되어야 한다. 말씀은 영적 성장의 토대이자 성령의 능력을 나타내는 도구다(딤

---

[35] 일상생활 속에서 하나님을 영화롭게 하는 방법에 관해 좀 더 자세히 알고 싶으면 다음의 자료를 참조하라. Michael Horton, 『오디너리』(지평서원, *Ordinary: Sustainable Faith in a Radical, Restless World* [Grand Rapids: Zondervan, 2014]).

[36] 지역 교회와 그 본질을 논의한 내용을 원한다면 다음의 자료를 참조하라. Mark Dever and Jamie Dunlop *The Compelling Community: Where God's Power Makes a Church Attractive* (Wheaton, IL: Crossway, 2015).

후 3:16). 하나님께서는 교회에 장로들을 훈련시켜서 교회를 영적으로 감독하며, 올바른 신학적 진리를 가르치게 하라고 명령하셨다(딤전 2-3장; 딛 1장). 교회가 건강하려면 회중의 권위를 일임받아 양떼를 목양하고 말씀 사역을 담당해 줄 경건한 사람들을 육성해야 한다.[37] 종교개혁 시대처럼 강단에서 건전한 교리를 가르쳐야만 교인들이 건전한 삶을 통해 주님을 영화롭게 하는 결과가 나타날 수 있다.

셋째, 하나님의 영광은 거룩함과 밀접하게 연관되어 있다. 하나님의 영광과 위대하심은 주로 그분의 거룩한 성품을 통해 발현된다. 이 점을 이해하는 것이 중요하다. 하나님을 영화롭게 하는 삶을 산다는 것은 문화적으로나 상황적으로 정상적인 삶을 사는 것이라기보다는 우리 안에 있는 그리스도의 능력을 통해 최대한 경건하게 사는 것을 의미한다.

경건하게 살려면 하나님께서 우리를 구원하신 목적이 우리를 변화시키기 위함이라는 사실을 기억하고, 규칙적으로 성경을 읽고, 기도와 예배를 드리며, 교회에 헌신해야 한다. 우리를 구원하는 것은 우리의 행위가 아니다. 우리의 행위는 우리의 마

---

[37] 성경적인 원칙에 따라 장로들을 육성하는 법에 대해 알고 싶으면 다음의 자료를 참조하라. Jeramie Rinne, *Church Elders: How to Shepherd God's People Like Jesus*, 9Marks: Building Healthy Churches (Wheaton, IL: Crossway, 2014).

음속에 있는 믿음을 입증하는 증거다. 충실하고 진지한 태도로 거룩함을 추구하는 것은 '율법적인' 삶과는 거리가 멀다. 그것은 은혜 안에서 그리스도와 동행하는 삶을 사는 것을 의미한다. 은혜는 연약하지 않고 강하다. 은혜는 사탄과 그의 모든 군대보다 더 강하다.[38]

넷째, 하나님의 영광은 우리에게 만물의 시작과 종말을 상기시킨다. "오직 하나님께 영광!" 은 우리의 관심을 하나님께로 향하게 만든다. 그분은 만물을 창조하셨고, 또 장차 만물을 새롭게 하실 것이다. 하나님은 모든 현실의 근원이시다. 그분은 아름다움과 은혜와 거룩함의 정화이시다. 인생을 살다 보면 혼란과 고통과 슬픔과 고뇌를 느낄 때가 많다. 그럴 때 하나님을 바라보면 타락한 세상에서도 행복과 평화를 발견할 수 있다. 하나님은 살아 계시며, 또한 선하시다. 우리가 쇠할 때조차도 하나님은 흥하신다. 우리가 거룩해지면 하나님께서 영광을 받으신다.

이 글의 처음을 에릭 리델의 이야기로 시작했다. '불의 전차'에서 묘사된 대로 그의 달리기 인생은 많은 사람에게 영감과 감동을 안겨 주었다. 그러나 사람들은 그의 인생이 어떻게 끝났는지에 대해 잘 알지 못한다.

---

38) 이 점에 관해 좀 더 자세히 알고 싶으면 다음의 자료를 참조하라. Donald Whitney, *Spiritual Disciplines for the Christian Life* (Colorado Springs: NavPress, 1991).

앞서 말한 대로 리델은 중국으로 건너가서 선교 사역에 종사했다. 그는 일본이 중국을 침공하기 전까지 수년 동안 열심히 현지인들에게 그리스도를 전했다. 일본이 전쟁을 일으키자 리델은 아내와 어린 자녀들을 캐나다로 피신시켰고, 그 후로 두 번 다시 가족을 보지 못했다. 그는 곧 일본군의 수용소에 수감되었다. 그는 약 2,000명에 달하는 수감자들과 함께 비좁은 공간에 갇혀 있으면서도 열심히 그리스도를 전했다. 그 절망적인 장소에서도 늘 명랑한 태도로 다른 사람들에게 친절을 베풀며, 도덕적으로 올바르게 살았다.[39]

그 수용소에는 러시아 창녀가 있었다. 많은 남자가 그녀를 도와주었지만 모두 그때마다 대가를 요구했다. 나중에 그녀는 남자들에게 도움을 부탁하면 모두 그에 대한 대가로 "성관계를 요구했지만" 에릭 리델만은 예외였다고 말했다. 그는 그녀를 위해 선반도 만들어 주고, 말도 친절하게 했지만 그녀에게 아무것도 요구하지 않았다.[40]

그러던 중 리델은 병이 들었다. 결국 전쟁이 끝나기 바로 전인

---

[39] 리델의 수용소 생활에 관해 좀 더 자세히 알고 싶으면 다음의 자료를 참조하라. Barbara Basler, "Chinese Grave's Secret: A Famed Runner Rests Here", *New York Times*, December 2, 1990, http://www.nytimes.com/1990/12/02/world/chinese-grave-s-secret-a-famed-runner-rests-here.html.

[40] Hamilton, *For the Glory*, 263.

1945년에 뇌종양으로 세상을 떠났다. 그가 생을 마감할 무렵에는 그를 응원하는 군중도, 그의 혹독한 고통을 다룬 신문 기사도, 힘차게 내달릴 수 있는 모래사장도 존재하지 않았다.

'불의 전차'가 그런 상황을 다루지 않은 것은 조금도 이상한 일이 아니다. 왜냐하면 믿음의 눈이 없는 사람들, 곧 믿지 않는 사람들의 마음으로는 도무지 이해할 수 없는 일이었기 때문이다.

그는 왜 모든 것을 포기했을까? 왜 그렇게 일찍 세상을 떠났을까? 왜 세상이 제공하는 온갖 좋은 것을 다 누리지 않았을까?

그 대답은 그리스도나 초기 교회의 순교자들이나 후스(Huss)나 위클리프(Wycliffe)나 루터나 칼빈이나 죽임을 당한 재세례파 신자들을 비롯해 장차 새 하늘과 새 땅에 모이게 될, 셀 수 없이 많은 성도와 마찬가지로 리델에게도 너무나도 간단한 것이었다.

그 이유는 바로 "하나님의 영광을 위해서"였다.

마치는 글

　종교개혁은 500년 전에 일어났지만 다섯 가지 '오직' 교리는 모든 복음주의 교회의 삶과 사역에 깊이 스며들어 있다. 지금까지 살펴본 대로 이 원리들은 개신교 종교개혁의 핵심이자 신약성경의 기독교와 지상명령의 본질적 요소에 해당한다. 교회가 이 원리들을 무시한다면 스스로 위험을 자초하게 될 것이다.

　다섯 가지 '오직' 교리는 단지 눈으로 감상만 하는 보배로운 유물이 아니다. 이 교리들은 교회의 토대를 형성하는 단단한 콘크리트이자 강단과 제자 양육 사역을 떠받치는 지지대일 뿐 아니라 신자 개개인에게 생명을 공급하는 역할을 한다.

　"오직 성경"은 하나님의 말씀만이 우리의 궁극적인 권위라는 사실을 일깨운다. 따라서 우리는 다시 우리의 신앙과 삶의 유일한 규칙인 말씀으로 되돌아가서 그 가르침에 귀를 기울여야 한다.

Sola Scriptura
Sola Gratia
Sola Fide
Solus Christus
Soli Deo Gloria

"오직 은혜"는 오직 그리스도께서 이루신 사역에만 의존해야 한다는 사실을 일깨워 준다.

우리는 그리스도 안에서 구원받은 자들답게 선한 행위를 해야 한다. 그러나 선행은 우리의 확신을 강화하거나 우리의 구원을 확고하게 만드는 수단이 아니다. 우리는 우리 자신의 공로가 아닌 오직 하나님의 은혜로 구원받는다.

"오직 믿음"은 로마 가톨릭교회의 그릇된 교리를 논박한다. **"오직 믿음"**은 개신교 기독교와 로마 가톨릭교회의 공식적인 교리가 서로 크게 다르다는 것을 분명하게 보여 준다.

마르틴 루터가 가르친 대로 우리는 **"오직 믿음"**으로 의롭다 하심을 받는다. 그러나 로마 가톨릭교회는 믿음 외에 다른 것을 추가한다. 진실로 우리가 **"오직 믿음"**으로 의롭다 하심을 받는다는 것은 교회의 흥망을 좌우하는 교리가 아닐 수 없다.

"**오직 그리스도**"는 구원의 근거이자 토대다. 복음은 모든 사람에게 "**오직 그리스도**"만을 믿어야 구원을 받을 수 있다고 가르친다. 이 위대한 교리는 기독교를 유일무이한 종교로 만든다. 참 신자들은 그리스도의 말씀 안에서 그분이 유일한 길이요, 진리요, 생명이심을 발견하고, 그분을 통하지 않고서는 아무도 하나님께 나아갈 수 없다고 믿는다(요 14:6).

이 모든 '오직' 교리가 "**오직 하나님께 영광**"이라는 교리 안에서 아름답게 서로 조화를 이룬다.

하나님의 영광은 그리스도의 구원사역과 구원받은 사람들의 삶을 통해 계속해서 나타난다.

구원이 하나님의 영광을 위한 것이라는 사실은 그분이 자신의

Sola Scriptura
Sola Gratia
Sola Fide
Solus Christus
Soli Deo Gloria

아들 예수 그리스도를 통해 위대한 구원사역을 이루신 이유와 자기 백성에게 구원을 베풀기로 작정하신 이유를 분명하게 드러낸다. 모든 것이 하나님의 위대한 영광을 위한 것이다.

따라서 신자인 우리는 하나님께 더 큰 영광을 돌리겠다는 마음가짐으로 살아가야 한다. 우리는 성경의 가르침에 복종하며, 교회의 삶에 깊이 동참함으로써 하나님의 영광을 찬란하게 드러내야 한다.

이처럼 종교개혁의 다섯 가지 '오직' 교리는 영원하고 항구적인 진리다. 주기적으로 종교개혁을 기념할 때만 이 교리들을 생각해서는 안 된다. 우리는 이 교리들을 지속적인 본질적 원리로 간주해야 한다. 이 교리들은 복음적인 기독교의 신학적 상부구조이자 신앙생활의 중요한 이정표로서의 역할을 수행한다.

하나님은 500년 전에 몇몇 핵심 인물들(특히 마르틴 루터)을 일으켜 세워 은혜의 복음을 새롭게 전하게 하셨다. 우리도 종교개혁의 다섯 가지 '오직' 교리를 통해 명확하게 드러난 하나님의 은혜를 전파하는 사람들의 대열에 합류할 수 있다.

앞선 사람들의 함성을 이어받아 우리도 은혜의 복음을 크게 외쳐야 한다. 개혁되었고, 또 항상 개혁해 가는 교회를 위해 힘쓰고 애써야 한다.

사명선언문

너희가 흠이 없고 순전하여……세상에서 그들 가운데 빛들로
나타내며 생명의 말씀을 밝혀 _ 빌 2:15-16

1. 생명을 담겠습니다
만드는 책에 주님 주신 생명을 담겠습니다.
그 책으로 복음을 선포하겠습니다.

2. 말씀을 밝히겠습니다
생명의 근본은 말씀입니다.
말씀을 밝혀 성도와 교회의 성장을 돕겠습니다.

3. 빛이 되겠습니다
시대와 영혼의 어두움을 밝혀 주님 앞으로 이끄는
빛이 되는 책을 만들겠습니다.

4. 순전히 행하겠습니다
책을 만들고 전하는 일과 경영하는 일에 부끄러움이 없는
정직함으로 행하겠습니다.

5. 끝까지 전파하겠습니다
모든 사람에게, 땅 끝까지, 주님 오시는 그날까지
복음을 전하는 사명을 다하겠습니다.

서점 안내

광화문점 서울시 종로구 새문안로 69 구세군회관 1층
02)737-2288 / 02)737-4623(F)

강남점 서울시 서초구 신반포로 177 반포쇼핑타운 3동 2층
02)595-1211 / 02)595-3549(F)

구로점 서울시 동작구 시흥대로 602, 3층 302호
02)858-8744 / 02)838-0653(F)

노원점 서울시 노원구 동일로 1306 삼봉빌딩 지하 1층
02)938-7979 / 02)3391-6169(F)

분당점 경기도 성남시 분당구 황새울로 315 대현빌딩 3층
031)707-5566 / 031)707-4999(F)

일산점 경기도 고양시 일산서구 중앙로 1391 레이크타운 지하 1층
031)916-8787 / 031)916-8788(F)

의정부점 경기도 의정부시 청사로47번길 12 성산타워 3층
031)845-0600 / 031)852-6930(F)

인터넷서점 www.lifebook.co.kr